FALTPLAN

»Schreiben Sie uns!

Wir hoffen, dass Ihnen dieser Reiseführer gefällt und er Ihnen ein guter Begleiter auf einer außergewöhnlichen und spannenden Reise ist.

Weil ein Reiseführer von Erfahrungen lebt, sind wir an Ihren Erlebnissen interessiert: Haben Sie im Buch ein Restaurant entdeckt, das es nicht mehr gibt, eine Sehenswürdigkeit, die wir noch nicht aufgeführt haben, oder eine falsche Adresse? Dann schreiben Sie uns!

Wir nehmen jeden Hinweis und jede Kritik ernst und arbeiten kontinuierlich daran, die Bücher aktuell zu halten und immer weiter zu verbessern. Auch wenn wir nicht jeden Wunsch erfüllen können, machen wir uns immer Gedanken über Ihre Anmerkungen.

Schreiben Sie an: info@reise-know-how.de oder Reise Know-How Verlag Peter Rump GmbH, Postfach 140666, 33626 Bielefeld

Wenn sich Ihre Infos direkt auf das Buch beziehen, bitten wir um die Angabe der Seitenzahl und der Auflagennummer bzw. des Erscheinungsjahres. Besonders hilfreiche Beiträge belohnen wir mit einem Sprachführer Ihrer Wahl aus unserer „Kauderwelsch“-Reihe.

Herzlichen Dank und gute Reisen
Ihr Reise Know-How Verlag

Diesem Buch wurde hier ein herausnehmbarer Faltplan …
Sollte er beim Erwerb des Buches nicht mehr vorhanden sein, … nach.

Liebe Leserin, lieber Leser,

ein unabhängiger Verlag für unabhängig Reisende – das sind wir, der Reise Know-How Verlag aus Bielefeld, eines der letzten Familienunternehmen in der Branche. Obwohl wir zu den größten Reiseführerverlagen Deutschlands gehören, ist der familiäre Umgang miteinander in allen Bereichen des Verlagslebens zu spüren: In der Geschäftsführung in zweiter Generation, in einer wertschätzenden Arbeitsatmosphäre, in der Nähe zu unseren frei arbeitenden Autorinnen und Autoren, im engen Austausch mit unseren Leserinnen und Lesern – und auch in der Zusammenarbeit mit Druckereien in Deutschland, in denen wir ausschließlich und regional unsere Bücher produzieren. Die sollen schließlich erst mit Ihnen auf große Reise gehen.

Alles, was wir in unsere Bücher und Landkarten stecken, soll Ihnen eines ermöglichen: Auf Ihre ganz eigene, individuelle Weise die Welt zu entdecken. Wir wünschen Ihnen viel Freude und unvergessliche Erlebnisse mit diesem Reiseführer.

Es grüßen herzlich
Peter Rump & Wayan Rump

Das Versprechen Tokyo

Tokyo ist ein Erlebnis: riesig, überwältigend, intensiv. Und Tokyo ist auch das Versprechen zu erleben, was man bislang noch nicht erlebt hat. Tokyo hat sich schon jeden Tag neu erfunden, als andere Städte noch gar nicht wussten, dass man sich immer wieder neu erfinden muss.

Tokyo ist der Ort, an dem Tradition und die Superlative der Moderne aufeinandertreffen. Die Stadt allein würde zu den führenden Industrienationen gehören. Das Bruttoinlandsprodukt von Tokyo ist größer als das von London, Paris und Berlin zusammen.

Jüngst bemühte sich die Stadtregierung von Tokyo intensiv darum, eine internationale Vorreiterrolle im Bereich der Nachhaltigkeit einzunehmen – bis 2050 will Tokyo eine emissionsfreie Stadt werden. Das spiegelt sich beispielsweise in der Konzeption von großen städtischen Bauprojekten wider – von nachhaltiger Architektur und Baumaterialien auf höchstem Niveau bis hin zu Bürgerbeteiligung. Oder aber auch in kleinen und charmanten Aktionen wie der Ansiedlung von Bienenvölkern auf den Wolkenkratzern in Ginza 4.

Am besten kann man das Thema Nachhaltigkeit in Tokyo beim Essen erfahren. In vielen der über 180 mit Michelin-Sternen dekorierten Restaurants (s. S. 49) setzt man z. B. schon lange darauf, dass es nicht nur darum geht, die feinsten Aromen zu genießen – sondern um die Geschichte, die Zutaten und die Philosophie, die hinter jedem Gericht stecken. Gut kann es nur sein, wenn sich diese auch auf dem Teller wiederfinden: *Satoyama,* das Gefühl von Harmonie und Einklang mit der Natur, eben auch beim Essen.

Bei den World Travel Awards räumt Tokyo regelmäßig ab – zuletzt für seine Digital-Art-Museen wie etwa das TeamLab Planets 25. Digitale Kunstwerke verschmolzen mit Installationen, moderner Architektur und farbenfrohen Selfie-Spots für die eigenen Social-Media-Accounts: Wo könnte man das besser erleben als im modernen Tokyo?

Gleichzeitig muss niemand auf das historische Tokyo verzichten. Das Nationalmuseum 15 bietet das Japan, das man aus den alten Filmen kennt, auch aus der Zeit, als die Stadt noch Edo hieß.

Auch wir genießen dieses Zusammenspiel aus beständigem Wandel und reichhaltiger Geschichte immer wieder neu. Man erlebt das in Tokyo einfach und am besten mit der U-Bahn, zu Fuß, mit dem Taxi oder mit dem Fahrrad – nur mit dem Bus kann es immer mal schwierig werden. 33 Millionen Menschen leben in diesem Ballungsgebiet, im größten urbanen Areal der Welt ist ein bisschen Verwirrung oft inklusive …

Die Autoren

Oliver Hoffmann studierte Germanistik und Medien und arbeitet seitdem als freier Journalist und Autor. **Kikue Ryuno** studierte Rechtswissenschaft an der Universität Osaka und ist für verschiedene internationale Unternehmen tätig. Beide leben gemeinsam wechselweise in Deutschland und Japan.

In ihren Büchern verbinden sie den Blick des langjährigen Japan-Touristen auf die vermeintlich fremde Kultur mit dem Blick der Japanerin auf das scheinbar Vertraute.

Inhalt

Tokyo auf einen Blick

0 — 2 km
© Reise Know-How 2024

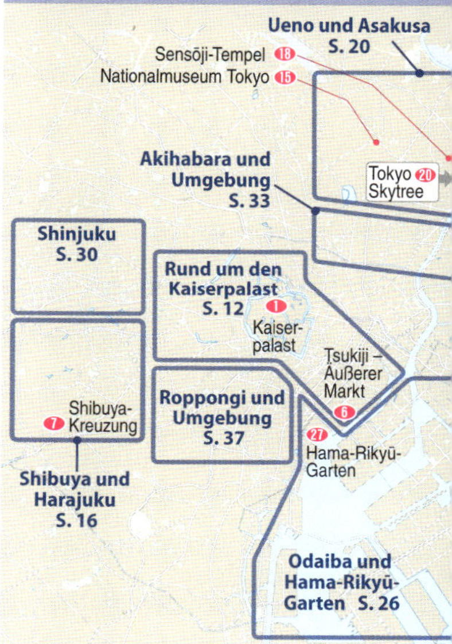

Cleveres Nummernsystem

Die Sehenswürdigkeiten sind im Text und im Kartenmaterial mit derselben **magentafarbenen ovalen Nummer** 1 markiert. Alle anderen Lokalitäten wie Geschäfte, Restaurants usw. tragen ein **Symbol und eine fortlaufende rote Nummer** (1). Die Liste aller Orte und die Zeichenerklärung befinden sich im Anhang.

🦋 Der Schmetterling …

… zeigt an, wo man Angebote im Bereich des nachhaltigen Tourismus findet.

Bewertung der Sehenswürdigkeiten

★★★ nicht verpassen
★★ besonders sehenswert
★ wichtig für speziell interessierte Besucher

Planquadrat im Kartenmaterial

[A1] Orte ohne diese Angabe liegen außerhalb unserer Karten. Ihre Lage kann aber wie die aller Ortsmarken mithilfe der begleitenden Web-App angezeigt werden (s. Anhang).

Vorwahlen
- für Japan: 0081
- für Tokyo: (0)3

Updates zum Buch
www.reise-know-how.de/citytrip/tokyo24

Adressangaben
Nur mit der Adressangabe allein lässt sich die gewünschte Lokalität kaum finden, da japanische Häuser keine Hausnummern tragen. Außerdem haben (außer den wirklich großen) viele Straßen keine Namen. Hilfestellung bei der Suche leisten die Detailkarten im Anhang und die Web-App zum Buch (s. S. 132).

101 Praktische Reisetipps

125 Anhang

MEIN TIPP

Vor der Reise erledigen
Der praktische **Japan Rail Pass** (s. S. 123) muss vor der Reise gekauft werden.

Museen wie das **Ghibli-Museum** (s. S. 46), das **TeamLab Planets** 25 oder das **Mori Art Museum** 38 sind oft langfristig ausgebucht – hier empfiehlt es sich, Tickets vor der Reise zu reservieren.

Der bei Nacht erleuchtete Skytree 20 sticht aus dem Häusermeer der Millionenstadt hervor (060to Abb.: tcvb)

NICHT VERPASSEN!

1 Kaiserpalast [F7]
Junger Tennō, alter Palast: Das Parkgelände rund um den Kaiserpalast, Hauptwohnsitz des japanischen Kaisers, ist weitläufig. Die vom Kaiserlichen Hofamt durchgeführten Rundgänge sind sogar kostenlos (s. S. 12).

6 Tsukiji – Äußerer Markt [H9]
Sushi und Sashimi zum Frühstück: Auf dem Markt in Tsukiji kaufen nicht nur Küchenprofis ein, hier startet man auch gern mit einem leckeren Fischfrühstück in den Tag (s. S. 16).

7 Shibuya-Kreuzung [B10]
Shibuya ist das Fashion-Zentrum Tokyos. Hier ist die Stadt hip und besonders experimentierfreudig. Das berühmte Bild der Shibuya-Kreuzung mit unzähligen Menschen gehört zu Tokyos Medienikonen (s. S. 16).

15 Nationalmuseum Tokyo [H3]
110.000 Exponate zeigen alles zur Kultur und Geschichte Japans. Auch wer sich nicht für Museen begeistern kann, sollte sich das Nationalmuseum nicht entgehen lassen (s. S. 22).

18 Sensōji-Tempel [J4]
Das Zentrum des historischen Tokyo – das riesige Eingangstor ist nicht nur Symbol des traditionellen Tokyo, sondern auch ein beliebter Foto-Hintergrund. 30 Millionen Besucher jährlich können sich nicht irren (s. S. 23).

20 Tokyo Skytree
Der mit 634 Metern höchste Fernsehturm der Welt verfügt über eine atemberaubende Aussichtsplattform: Schwindelfreiheit ist von Vorteil (s. S. 25)!

27 Hama-Rikyū-Garten [G10]
Im japanischen Garten kann man die Teezeremonie genießen und dabei die Skyline Tokyos betrachten: ein wunderbarer Kontrast zum hektischen Treiben (s. S. 28).

TOKYO ENTDECKEN

069to Abb.: kanzilyou, stock.adobe.com

002to Abb.: tcvb

Willkommen in Tokyo

Tokyo ist eine Megacity und scheinbar unendlich in seiner Ausdehnung. Sich die Stadt als Ganzes zu erschließen, kann nicht funktionieren. Vielmehr muss man als Tourist die Stadt in den einzelnen Stadtteilen und Vierteln erleben – und wird dabei feststellen, dass hier verschiedenste Facetten geboten werden.

Obwohl es viele verschiedene Zentren in Tokyo gibt, bezeichnet man traditionell das Gebiet rund um den **Kaiserpalast** 1 als das Herz der Stadt. Der Stadtteil **Marunouchi** bildete schon den Mittelpunkt des historischen Edo und erstreckt sich heute zwischen dem kaiserlichen Garten und der Tokyo Station. **Ginza** 4 nebenan ist das luxuriöse Einkaufsviertel für alle, die viel Geld haben und gute Qualität schätzen.

Asakusa und **Ueno** (s. S. 20) bieten sehr viele touristische Highlights auf relativ engem Raum – hier lässt sich gut das altstädtische Tokyo erfahren. Und hier kann man in der Unterstadt, der Shitamachi, auch mal genüsslich flanieren und die Zeit um sich herum vergessen. Mit dem Skytree 20 steht hier auch das Symbol des modernen Tokyo.

Die Gegend **Shinjuku** (s. S. 30) ist mit ihren vielen Wolkenkratzern das Geschäftsviertel des Zentrums. Hier sitzt nicht nur die Stadtverwaltung, sondern es ist abends im Vergnügungsviertel Kabuki-chō 29 auch immer etwas los.

Shibuya (s. S. 16) ist zusammen mit dem angrenzenden **Harajuku** das Zentrum des Südwestens der Stadt – und das Mekka für viele junge Menschen, die Mode, das Nachtleben und den Cosplay (s. S. 18).

Viele der insgesamt 23 Stadtbezirke sind sehr individuell. Wer abends in **Odaiba** oder **Akihabara** (s. S. 33) flaniert, hat bestimmt einen anderen Eindruck von der Stadt, als der, der in **Roppongi** (s. S. 37) unterwegs ist.

Für einen Kurzaufenthalt in Tokyo gilt hier: Weniger ist mehr. Innerhalb eines Stadtteils kann man Wege auch zu Fuß zurücklegen – ansonsten braucht man aber immer die **(U-) Bahn.** Schon allein bis man das Netz der verschiedenen U-Bahnen und Schienenbetreiber überblickt, vergehen Tage. Eine gute Orientierung bietet hier immer die **Ringlinie Yamanote:** Sie verbindet die wichtigsten Stadtzentren miteinander, wie zum Beispiel Ueno, Tokyo Station, Shinjuku oder Shibuya. Die Züge auf der Linie verkehren hier alle zwei bis vier Minuten – eine komplette Runde dauert rund eine Stunde.

Vorseite: Zum Sensōji-Tempel 18 führt ein Spalier von Souvenir- und Glücksbringershops

Die Ginza 4 ist Tokyos edle Einkaufsmeile

Kurztrip nach Tokyo

Für eine Metropole wie Tokyo kann es nicht nur eine standardisierte Reiseplanung geben. Die Routen durch die Stadt müssen je nach Vorliebe unterschiedlich gestaltet werden. Im Folgenden soll dennoch eine kleine Planungshilfe für einen Kurzaufenthalt gegeben werden.

1. Tag: Moderne trifft Tradition

Wie wäre es mit dem **modernen Tokyo** zum Reiseauftakt? Dafür steht symbolisch der 634 Meter hohe Skytree (20), der höchste Fernsehturm der Welt. Von der Aussichtsplattform überblickt man die ganze Stadt. Anschließend geht es zum nahe gelegenen Sensōji-Tempel (18), um kontrastreich die Atmosphäre des ursprünglichen Tokyo zu inhalieren. Hier kann man auch traditionelles Asakusa-Sukiyaki (s. S. 52) oder eine Runde Soba (s. S. 57) zu Mittag essen. Nachmittags fährt man mit dem Wasserbus zum schönen Hama-Rikyū-Garten (27). Den ersten Tokyo-Tag kann man dann – mit einer weiteren Wasserbusfahrt – gut in Odaiba (s. S. 26) ausklingen lassen, indem man einfach auf der Promenade flaniert und die Lichter der Stadt auf sich wirken lässt.

Tokyo oder Tokio? Tokyo!

Tokyo oder Tokio – laut Duden geht beides, üblicherweise wird in Deutschland meist Tokio verwendet – was jedoch nicht besonders logisch ist. Im Japanischen setzt sich die Hauptstadt aus den beiden Kanji-Zeichen 東 und 京 zusammen. Diese werden international mit to und kyo transkribiert. Kyoto, die alte Kaiserstadt, besteht aus den Zeichen 京 und 都 – hier findet sich das gleiche kyo (京) wie in Tokyo, was übersetzt Hauptstadt bedeutet. Niemand schreibt heute Kyoto noch als Kioto. Deswegen ist auch Tokio eigentlich längst überholt und in diesem Buch wird die einheitliche Schreibweise Tokyo verwendet – was zudem der zweisilbigen Aussprache im Japanischen viel näher kommt …

In der Takeshita-dōri (10) ist immer viel los

003to Abb.: ok

2. Tag: Kultur und urbanes Flair

Der zweite Tag beginnt in Ueno (s. S. 20) – **Kultur** steht auf dem Programm. Hier befindet sich das exzellente Tokyo-Nationalmuseum ⓯. Anschließend kann man leicht für einen Mittagssnack zum Ameyoko-Markt ⓬ laufen. Wer gut zu Fuß ist, kann den Spaziergang bis nach Akihabara (s. S. 33) ausdehnen, um dort die kulturelle **Verschmelzung von Technik und Anime** in seinen wildesten Formen zu erleben – Freak-Faktor garantiert! Für den Abend bietet sich Roppongi (s. S. 37) an, um dort in einer der vielen Bars die internationale Atmosphäre zu genießen.

3. Tag: Ein Tag im Zentrum

Am dritten Tag könnte der Wecker früh klingeln: Wer die Atmosphäre des guten, alten Tsukiji-Fischmarkts erleben will, sollte sich früh zum sogenannten Äußeren Markt von Tsukiji ❻ begeben – dann kaufen die Profis dort ein und man selbst kann zum Frühstück frisches Sushi genießen. Dann geht's weiter zum Kaiserpalast ❶ in die Stadtmitte: Hier genießt man die Weitläufigkeit Tokyos inmitten der Stadt. Ein Abstecher zum kaiserlichen Garten lohnt sich. Anschließend bummelt man noch etwas durch die teuren Einkaufsstraßen von Ginza ❹, ehe man sich am Abend in die Yakitori-Alley nach Yūrakuchō begibt, um bei kleinen Snacks den Tag Revue passieren zu lassen.

4. Tag: Das stylishe Tokyo

Der vierte Tag könnte in das moderne und stylische Tokyo führen. Beginnend mit der Shibuya-Kreuzung ❼ – oder besser in einem Café wie dem Shibuya Starbucks, das einen guten Blick auf die Kreuzung mit den Menschenmassen erlaubt. Anschließend kann man durch die Straßen bis ins stylische Harajuku zur Takeshita-dōri ❿ laufen. Wer möchte, kann zwischendurch noch einen Stopp im Meiji-Jingū-Schrein ⓫ einlegen.

Nachmittags geht es nach Shinjuku (s. S. 30), um von der Aussichtsplattform des Rathauses ㉘ auf 202 m einen kostenlosen Blick auf die gesamte Stadt zu werfen. Abends sollte man sich das Viertel Kabuki-chō ㉙ in der Nähe nicht entgehen lassen. Hier ist Tokyo vielfältig und bunt und bietet Bars für jeden Geschmack.

5. Tag: Ausflug ins Grüne

Nach vier Tagen Tokyo steigt eventuell die Lust auf Ruhe und Natur. Ein beliebtes Tagesausflugsziel ist Nikkō ㊺, zwei Zugstunden von Tokyo entfernt. Nikkō bietet Natur, Berge und viele Schreine sowie Tempel aus der Shogunatszeit. Perfekt für den gestressten Großstadturlauber, um wieder ein bisschen zu entspannen.

Stadtspaziergang

Tokyo ist sehr weitläufig, der Innenstadtbereich rund um **Kaiserpalast** ❶ und **Kitanomaru-Park** lässt sich jedoch auf einer Erkundungstour auch sehr gut zu Fuß bewältigen. Im Sommer sollte man den Spaziergang

Routenverlauf im Stadtplan

Der hier beschriebene Spaziergang ist mit einer farbigen Linie in der Detailkarte Kaiserpalast auf der Umschlaginnenseite eingezeichnet.

auf jeden Fall vormittags einplanen, da nachmittags die Temperaturen in der Innenstadt Tokyos oft unerträglich hoch sind.

Als Ausgangspunkt eignet sich **Tokyo Station** [H7] – diese ist entweder mit JR (s. S. 123) oder der U-Bahn-Linie Marunouchi gut zu erreichen. Man läuft zuerst rund 15 Minuten nach Westen, passiert das **Marunouchi**- und **Shin-Marunouchi Bldg.** und sieht bereits die äußeren Mauern des **Kaiserpalasts.** Diese hatten zu Edo-Zeiten eine Gesamtlänge von 16 Kilometern und waren so dick, dass sechs Samurai nebeneinander darauf laufen konnten.

Das Areal hier ist sehr weitläufig. Am besten macht man sich an einigen Schwarzkiefern vorbei auf den Weg zur **Nijubashi-Brücke** [F–G7] – hier am Wasser ist der beliebte Fotopunkt, der im Bildhintergrund den Sitz des Tennō zeigt, während die kaiserlichen Wachmannschaften im Bildvordergrund zu Schnappschüssen einladen.

Anschließend führt der Weg zum **Otemon-Tor**, durch das man den kaiserlichen Garten **Higashi Gyoen** („Ostgarten", s. S. 12) betritt. Innerhalb des Ostgartens, in Richtung Norden, befindet sich der malerische **Ninomaru-Garten**, eine grüne Oase mit sorgfältig gepflegten Rasenflächen, ruhigen Teichen und dem wunderschönen Teehaus Suwa no Chaya. Ein Stück weiter erreicht man die Basis des **Tenshu-Steinturms**, auf den man hinaufsteigen kann, um einen Blick auf die Umgebung zu werfen.

Verlässt man den Higashi Gyoen durch das **Kita-Hanebashimon-Tor** in nordwestlicher Richtung, führt der Weg direkt zum **Kitanomaru-Park**. Dieser Park beherbergt auch Museen wie das **MoMAT**, das **National Museum of Modern Art** 3, das hauptsächlich Kunst aus dem 20. Jahrhundert ausstellt, mit einem sehr empfehlenswerten Restaurant, in dem man den Spaziergang ausklingen lassen kann. Ansonsten endet er an der **U-Bahn-Station Takebashi.** Manchmal empfiehlt es sich auch, diesen Spaziergang in umgekehrter Richtung zu machen, denn die Warteschlange am Kita-Hanebashimon-Tor ist oft kürzer als am Otemon Tor.

Das gibt es nur in Tokyo

- **Den größten Bahnhof der Welt:** Täglich benutzen mehr als 3 Mio. Reisende den Bahnhof Shinjuku [B6] – und machen ihn zum Bahnhof mit dem größten Passagieraufkommen. Wer sich also einmal in eine übervolle Bahn quetschen lassen will, der nimmt hier am besten die Yamanote-Linie an einem Werktag zwischen 8 und 9 Uhr. Insgesamt hat der Bahnhof Shinjuku über 200 Ausgänge!
- Sich von einer **Anime-Figur** im realen Leben bedienen lassen: In Akihabara bedienen die Meido-Cafés 32 vor allem die Sehnsüchte der männlichen Anime-Gemeinde. Hier liest man also ein paar Mangas und lässt sich dabei den Tee gleich von der Lieblingsfigur servieren.
- Einen traditionellen **Schreinbesuch** zum Neujahrsfest Oshōgatsu (s. S. 84): Die meisten Besucher weist der Meiji-Jingū-Schrein 11 in Tokyo zu Neujahr auf – mehr als drei Millionen Menschen strömen dann auf das riesige Areal.
- Im Einzugsgebiet von Tokyo leben rund 35 Millionen Menschen. Es ist damit (zusammen mit Yokohama) das **größte zusammenhängende urbane Gebiet der Welt.**

Mittendrin: Rund um den Kaiserpalast

Tokyo hat viele Stadtzentren und doch eine Mitte: die Gegend rund um den Kaiserpalast. Hier sind die Grundstückspreise am höchsten, die Einkaufsmeilen am schicksten und die Restaurants am edelsten.

1 Kaiserpalast ★★★ [F7]

皇居

Weite inmitten der Stadt: Das riesige Areal rund um den Kaiserpalast lädt zu einem Spaziergang ein.

Der Palast ist der **Hauptwohnsitz des japanischen Kaisers.** Kaiser Naruhito ist der aktuelle Hausherr: 2019 dankte erstmals in der Geschichte Japans ein Kaiser ab, auf Akihito folgte dessen Sohn Naruhito. Das Gelände beherbergte einst die Residenz des Tokugawa-Shogunats. Später, als die kaiserliche Familie nach der Meiji-Restauration von Kyoto nach Tokyo zog, wurden das Gebäude und das Areal großräumig umgestaltet. Im Laufe der Jahrhunderte vernichteten Kriege, Brände und Erdbeben den Großteil der Anlagen, die meisten gegenwärtigen Gebäude stammen aus dem Jahr 1968.

Der Kaiserpalast (allerdings nicht die Innenräume) kann im Rahmen einer **Führung** durch das Kaiserliche Hofamt besichtigt werden. Das Innere des kaiserlichen Palasts selbst kann man nur zweimal im Jahr besuchen: am 2.1. und am 23.2., dem Geburtstag des Kaisers. Dann wird die Bevölkerung empfangen und darf dem Tennō zuwinken, der sich auf seinem Balkon zeigt.

Obwohl das Areal riesig ist, fällt die **Orientierung** vor Ort leicht: Von Tokyo Station aus kommend, macht man sich an einigen Schwarzkiefern vorbei auf den Weg zur Nijubashi-Brücke – dem beliebten Fotopunkt mit kaiserlichen Wachmannschaften im Bildvordergrund und dem Kaiserpalast im Hintergrund. Von hier aus ist auch das Kaiserliche Hofamt ausgeschildert, das die Führungen organisiert.

Einen Abstecher ist der **Ostgarten** (Higashi Gyoen) wert. Hier trifft man auf imposante Steinmauern, kann dem Museum of the Imperial Collections einen Besuch abstatten – oder man macht einfach einen kleinen Mittagsschlaf auf einer der Parkbänke inmitten der Stadt. **Tipp:** Der SGG Club (s. S. 114) bietet eine kostenlose Führung an. Start ist am JNTO Tourist Information Center (s. S. 107, Mi. und Sa. ab 13 Uhr, ca. 2 Std.).

› JR: Tokyo Station, von dort 10 Minuten zu Fuß, Führung durch das Kaiserliche Hofamt: https://sankan.kunaicho.go.jp/english/about/koukyo.html, Di.–Sa. 10 und 13.30 Uhr, Dauer etwa 75 Minuten, Eintritt frei. Anmeldung im Voraus (jeweils zu Monatsbeginn) möglich, es gibt auch eine begrenzte Anzahl von Besuchertickets für den gleichen Tag vor Ort, der Treffpunkt für die Führung liegt vor dem Kikyō-mon-Tor [G7]. Änderungen sind kurzfristig möglich.

•1 [G7] **Ostgarten (Higashi Gyoen)**, www.kunaicho.go.jp/e-about/shisetsu/higashigyoen-map.html, Di.–Do., Sa., So. 9–16.30 Uhr (bzw. 15.30 Uhr, abhängig von der Jahreszeit), Eintritt frei

M 2 [G7] **Museum of the Imperial Collections (Sannomaru Shozokan),** https://shozokan.nich.go.jp/en/, geöffnet: Di.–So. 9.30–17 Uhr. Der Eintritt beträgt 1000 ¥ und eine Online-Ticketvorbestellung ist erforderlich.

Sitz des Tennō: der Kaiserpalast

022to Abb.: ok

2 Yasukuni-Schrein ★★ [F6]

靖国神社

Der Yasukuni-Schrein polarisiert. Seine Gebäude sind beeindruckend – berühmt und berüchtigt ist er jedoch wegen seiner politischen Bedeutung.

Der Schrein wurde 1869 zur **Verehrung der im Krieg gefallenen Soldaten** gegründet und erlangte bald den Charakter eines Nationalheiligtums. Japan gedenkt hier der 2,5 Millionen Kriegstoten, die seit 1853 ums Leben gekommen sind.

Besonders problematisch wurde das Gedenken ab 1979, als bekannt wurde, dass der Liste der im Schrein verehrten *Kami* (s. S. 98) u. a. auch 14 japanische Militärangehörige hinzugefügt wurden. Bei ihnen handelte es sich um **Kriegsverbrecher der sog. Klasse A**, die in den Tokyoter Prozessen vom Internationalen Militärtribunal als Kriegsverbrecher des Zweiten Weltkriegs verurteilt und zum Tode oder zu lebenslangen Haftstrafen verurteilt worden waren. Zu diesen 14 Kriegsverbrechern der Klasse A kommen noch mal 1068 Kriegsverbrecher der Klasse B und C hinzu, die zum Tode bzw. zu Gefängnisstrafen verurteilt wurden. Seitdem führen die Besuche von hochrangigen japanischen Politikern immer wieder zu Protesten in den Nachbarländern China und Südkorea. Eine Lösung des Problems scheint nicht in Sicht. Abgesehen von der politischen Bedeutung des Schreins ist er mit seiner großzügigen Anlage ein beliebtes Ziel der Tokyoter während des **Kirschblütenfests** (s. S. 85) im Frühjahr.

Nicht nur das Hauptgebäude des Schreins ist imposant, sondern auch die **Torii**, durch die man das Gelände betritt, sind außerordentlich. Das Torii am Haupteingang ist zum Beispiel mit seinen 25 Metern Höhe eines der größten Japans.

› U-Bahn: Kudanshita, Ausgang 1, 3-1-1 Kudankita Chiyoda-ku, Tel. 3261-8326, Eintritt frei

3 MoMAT – Nationalmuseum für moderne Kunst ★★ [G6]

東京国立近代美術館

Das MoMat wurde 1952 als erstes nationales Kunstmuseum in Japan eröffnet und zeigt über 13.000 Exponate japanischer und internationaler Kunst aus der Zeit des frühen 20. Jh.

bis zur Gegenwart. In jedem Ausstellungsbereich werden rund 200 ausgewählte Stücke aus verschiedenen Zeitabschnitten präsentiert.

Die Ausstellungen zeigen u.a. die **rasante Modernisierung** Japans und wie Künstler zwischen dem traditionellen japanischen Sinn für Ästhetik und fremden Kultureinflüssen nach neuen künstlerischen Ausdrucksformen suchten und suchen. Die Ausstellungen zählen zu den interessantesten in Japan, gewähren sie doch einen **tiefen Einblick in die japanische Kunst der letzten 100 Jahre.** Dazu gibt es noch einen schönen Raum zur Pause und Reflexion mit direkter Aussicht auf den Kaiserpalast ❶. Das Restaurant L'art et Mikuni (s. S. 61) befindet sich ebenfalls im Museumsgebäude.

› 3-1 Kitanomaru-koen, Chiyoda-ku, U-Bahn: Takebashi, Ausgang 1B, 3 Min. zu Fuß, Tel. 5777-8600, www.momat.go.jp, geöffnet: Di.-Do., So. 10-17 Uhr, Fr., Sa. 10-20 Uhr, Eintritt: 500 ¥

❹ Ginza ★ [G8]

銀座

Was heute zu Tokyos edelstem Viertel Ginza zählt, war zur Edo-Zeit alles noch Meer. Dann hat die Landgewinnung in Tokyo das Meer weit zurückgedrängt.

Das Wahrzeichen Ginzas ist die berühmte Uhr, die sich an der Kreuzung Ginza-4-chōme befindet. Das Bild des Stadtteils wird bestimmt von **edlen Boutiquen, teuren Restaurants und exklusiven Shoppingmeilen.** Nirgendwo sonst in Japan sind die Mie-

MEIN TIPP

Business hautnah in Tokyo

Das japanische Leben wird oftmals von der Geschäftswelt dominiert, da kann es durchaus reizvoll sein, auch mal einen kleinen Blick hinter die Kulissen zu werfen. Einige japanische Unternehmen erlauben in Form von Führungen kleine Einblicke in die japanische Unternehmenskultur. Manche bieten Führungen auf Englisch an. Auf jeden Fall ist eine Anmeldung einige Tage vorher sinnvoll.

•3 [I7] **Tokyo Stock Exchange,** 2-1 Kabuto-chō, Nihonbashi, Chūō-ku, U-Bahn: Kayabachō, Ausg. 11, Tel. 050 3377-7254, www.jpx.co.jp/english/corporate/about-jpx/tour/tse/index.html, Besuchergalerie: Mo.-Fr. 9-16.30 Uhr. Für die Besichtigung der Tokyoter Börse ist keine Voranmeldung erforderlich. Besucher finden jederzeit während der o.g. Zeiten Einlass. Die Handelszeiten sind 9-11.30 Uhr und 12.30-15 Uhr. Führungen von Mitarbeitern der Tokyoter Börse werden viermal täglich angeboten, beginnend um 9, 10, 11 und 14 Uhr. Die Führungen werden in der Regel auf Japanisch durchgeführt. Wenn eine Führung auf Englisch gewünscht wird, sollte man sich mind. 7 Tage im Voraus melden (E-Mail: kohou-kn@jpx.co.jp), um die Verfügbarkeit zu prüfen. Für eine englischsprachige Führung muss eine Mindestteilnehmerzahl von 10 Personen erreicht werden. Kommen nicht genug Teilnehmer zusammen, erhält man die Möglichkeit, an der japanischsprachigen Führung teilzunehmen. Die Besichtigung ist kostenlos.

•4 [H7] **Bank of Japan,** 2-1-1 Nihonbashi-Hongokuchō, Chūō-ku, U-Bahn: Mitsukoshimae, Mo.-Fr. 60-minütige Führungen auf Japanisch, englischsprachige Führung an jedem dritten Mittwoch im Monat. Für alle Führungen ist eine Voranmeldung unter https://bojtour.rsvsys.jp erforderlich.

ten so hoch wie hier. Manchmal verbreiten die weiten Boulevards hier sogar etwas westliches Flair. Ein Hotspot in Ginza ist das **Ginza Six**, welches auf dem Gelände des ehemaligen Matsuzakaya Department Store – der seit 1924 existierte – entstand. Sehenswert ist hier der 4000 m² große Dachgarten, praktisch sind die zahlreichen Lebensmittelgeschäfte im Untergeschoss.

5 [G9] **Ginza Six,** 6-10-1 Ginza, Chūō-ku, https://ginza6.tokyo

› U-Bahn: Ginza

5 Kabukiza ★ [H9]

歌舞伎座

Das Kabukiza-Theater in Ginza 4 ist das traditionellste Theater Tokyos. Hier sind alle Theaterfans richtig, die das traditionelle Theater aus der Edo-Zeit erleben wollen. Die Stücke bestechen vor allem durch ihre bezaubernde Ausstattung.

Im Kabukiza wechseln die dargebotenen Stücke und Aufführungszeiten monatlich – man sollte jedoch auf jeden Fall darauf vorbereitet sein, dass Kabuki-Stücke **mehrere Stunden** dauern. Im Theater erhält man Kopfhörer und hat dadurch die Möglichkeit, Teile der Handlung auf Englisch verfolgen zu können – die Mischung aus Gesang, Pantomime und Tanz macht die Aufführung aber auch ohne Übersetzung zu einem einzigartigen Erlebnis.

Tickets bestellt man am besten vorab online – es gibt aber auch kleine Ticketkontingente an der Tageskasse. Last-Minute-Tickets erlauben dann zum Beispiel, einen Teil der Aufführung ansehen zu dürfen.

› U-Bahn: Ginza, Ginza 4-12-15, Chūō-ku, Tokyo, Ausgang A6, Tel. 3545-680, www.kabukiweb.net/theatres/kabukiza

MEINE TIPPS

Besuch im politischen Zentrum Japans – das Parlamentsgebäude

国会議事堂

Das 1936 errichtete Parlamentsgebäude (Kokkaigijidō) befindet sich im Stadtteil Nagatachō, der das politische Zentrum Japans darstellt. Die Plenarsäle der beiden Kammern – Shūgiin (Unterhaus) und Sangiin (Oberhaus) – können kostenlos besichtigt werden. Eine Anmeldung ist erforderlich, die Touren starten stündlich. Die Shūgiin-Tour wird nach Voranmeldung unter der Woche auch auf Englisch angeboten (Mo. um 14, Di.-Fr. 15 Uhr).

•6 [F8] **Shūgiin,** Mo.-Fr. 8-16, Sa., So. 9.30-11.30 und 13-16 Uhr, stündlich, www.shugiin.go.jp/internet/itdb_english.nsf/html/statics/guide/tours.htm

•7 [F8] **Sangiin,** Mo.-Fr. 8-16 Uhr (Einlass), Tel. 5521-7445, www.sangiin.go.jp/eng/info/dbt/index.htm

Hibiya-Park: Kleine Oase mit Nickerchen und Drink

Der Hibiya-Park ist eine kleine Oase zwischen Regierungsviertel, Kaiserpalast 1 und Ginza 4. Zur Mittagszeit kommen Geschäftsleute in den öffentlichen Park, um sich eine Pause zu gönnen. Manche sitzen gar schnarchend auf den Bänken. Von Zeit zu Zeit finden lokale Veranstaltungen wie die jährliche Gartenschau im Oktober statt. Es gibt ein kleines Bierlokal, in dem man auf einer Terrasse außer japanischem auch deutsches Bier genießen kann.

8 [G8] **Beer Terrace 1949 HIBIYASAROH,** 1-1 Hibiyakoen, Chiyoda-ku, Tel. 3591-2411, http://hibiyasaroh.jp, geöffnet: Di.-Fr. 11.30-21, Sa. und So. 11.30-18 Uhr

6 Tsukiji – Äußerer Markt ★★★ [H9]

築地場外市場

Der Tsukiji-Fischmarkt war einst der größte der Welt. Nun ist der Großmarkt nach jahrelangen politischen Diskussionen zweigeteilt – die beliebte morgendliche Thunfisch-Auktionshalle ist nach Toyosu umgezogen 24. Doch der Äußere Markt des Tsukiji blieb erhalten und bietet noch immer **viele Attraktionen** – und vor allem die gute alte Tsukiji-Atmosphäre – mit unzähligen Läden in kleinen Gassen und jeder Menge Fisch und Meeresfrüchte. Viele davon hat man vorher noch nie zu Gesicht bekommen.

Köche kaufen hier frühmorgens immer noch ihren frischen Fisch ein. Man erkennt sie oft an ihren speziellen Taschen aus Bambus – traditionell werden diese benutzt, um die gekühlten Fische mit Eis zu transportieren. Wenn man Glück hat, erlebt man die Händler beim Zerlegen von großen Fischen in kleine, handliche Küchenportionen.

Auf dem Markt laden **zahlreiche Stände** zum Frühstuck ein: mit frischem Sashimi, Sushi oder auch schnellen Fleischgerichten. Hier vergeht die Zeit sehr schnell – beim Zugucken und Probieren. **Achtung:** Am Sonntag sind meisten Läden geschlossen!

› U-Bahn: Tsukiji oder Tsukijishijo

Shibuya: das Fashion- und Lifestyle-Zentrum der Stadt

Modisch und hip: Shibuya und Harajuku

Die Modefreaks versammeln sich in Shibuya und Harajuku. Hier ist Tokyo hip, modebewusst und experimentierfreudig. Shibuya befindet sich im permanenten Umbau – das erlebt auch jeder, der den passenden Ausgang des Bahnhofs JR Shibuya finden will. Jüngst eröffnete der 230 m hohe Wolkenkratzer Shibuya Scramble Square mit Aussichtsplattform.

7 Shibuya-Kreuzung ★★★ [B10]

渋谷交差点

Menschenmassen, die die Straße überqueren, ohne sich zu beachten, dazu im Hintergrund leuchtende riesige Reklame- und Videotafeln: Dieses typische Tokyo-Bild stammt aus Shibuya.

Die Kreuzung am Bahnhof Shibuya ist eines der Markenzeichen Tokyos. **Pro Ampelphase gehen hier bis zu 1500 Fußgänger über die Straße.** Quer in alle Richtungen und typisch japanisch: nämlich ohne einander zu beachten und so, als ob das ganz normal wäre. Wer sich das Spektakel von oben ansehen will, geht am besten in ein Café wie zum Beispiel das Starbucks an der Kreuzung oder betrachtet das Treiben aus ganz großer Höhe von der **Shibuya-Sky-Aussichtsplattform** (s. S. 68).

Weniger kommerziell, dafür eher romantisch-melancholisch, zeigt sich Shibuya mit seiner **Hachikō-Geschichte.** Hachikō war ein Hund, der einst mit seinem Herrchen, einem Professor der Universität von Tokyo, jeden Tag zum Bahnhof kam und wartete, bis sein Professor abends wieder zurückkehrte. Nachdem das Herrchen verstorben war, kam der Hund trotzdem noch elf Jahre lang jeden Tag an diesen Ort. Dann starb auch der Hund. Heute erinnert eine kleine Statue auf dem Platz an Hachikō. Die Statue ist einer der beliebtesten Orte in Tokyo geworden, um sich zu verabreden.

› JR Shibuya, Ausgang Hachikō

8 Nezu-Museum ★★ [C9]

根津美術館

Das Nezu-Museum ist ein besonderes Erlebnis für die Liebhaber von **Architektur und antiker asiatischer Kunst.** Die Kollektion stammt aus der privaten Sammlung von Kaichirō Nezu – einem erfolgreichen Geschäftsmann der Meiji-Zeit. Die Ausstellung umfasst u. a. Kunstwerke aus den Bereichen Kalligrafie, Malerei, Keramik und Textil. Das Museum wurde 1941 in Nezus Privatresidenz eröffnet und 2009 von Kengo Kuma komplett umgestaltet. Das Flair ist seitdem selbst ein Highlight und gilt als gelungenes Beispiel, wie traditionelle Elemente mit modernem japanischen Design verbunden werden können. Zum Museum gehört auch ein großzügiger japanischer Garten (Gesamtfläche ca. 17.000 m²), in dem sich auch ein gemütliches Café befindet. Das Museum ist ein kleines Idyll mitten in Tokyo.

› U-Bahn: Omotesandō, Ausgang A5, 8 Minuten Fußweg

› 6-5-1 Minamiaoyama, Minato-ku, Tel. 3400-2536, www.nezu-muse.or.jp, Eintritt: 1500 ¥ (Online-Vorverkauf) bzw. 1600 ¥ (Tageskasse), geöffnet: Di.–So. 10–17 Uhr

061to Abb.: ok

9 Omotesandō und Aoyama ★ [C9]

表参道 & 青山

Die Omotesandō diente einst als Zugang zum Meiji-Jingū-Schrein 11. Heute ist der Boulevard vor allem Laufsteg und Flaniermeile und verfügt über ein kosmopolitisches Flair. Hier sind die Cosplayer genauso vertreten wie Designer und **Architektur-Liebhaber**, denn die gewagtesten Gebäudekonstruktionen findet man in der Omotesandō und im zugehörigen Stadtteil Aoyama. Zu den extravaganten Meisterleistungen von Stararchitekten in dieser Gegend gehören z. B. die **Prada Boutique** von Herzog & de Meuron (die u. a. die Hamburger Elbphilharmonie entwarfen) und die **Christian Dior Boutique** vom japanischen Architekten-Duo SANAA.

Der japanische Stararchitekt Tadao Ando zeichnet für **Omotesandō Hills** verantwortlich. Das **Tokyu-Plaza-Gebäude**, bekannt für seinen Eingang mit vielen Spiegeln und die schöne Dachterrasse, wurde von Takushi Nakamura entworfen.

In den Seitenstraßen finden sich viele **kleine Läden** und **gemütliche Cafés und Restaurants.**

10 Takeshita-dōri ★★ [B8]

竹下道り

Wer schon immer mal seinen eigenen **Tokyo-Style** in einem **Second-Hand-Laden** kreieren wollte, der ist in der Takeshita-dōri in Harajuku genau richtig, denn die Straße ist voller Menschen, die genau das tun.

Die **Takeshita-dōri am Bahnhof Harajuku** ist das Zentrum der jungen modebewussten Szene in Tokyo. Alle Spielarten der modernen Tokyoter Jugendkultur werden hier bedient. Die Gasse ist gerade einmal 400 Meter lang, links und rechts reihen sich Boutiquen, Sportshops, Secondhandläden und Ableger von Fast-Food-Ketten aneinander: Eben alles, was man als Teenager braucht. Hier kauft man nicht nur gerne ein, sondern präsentiert sich auch anderen Gleichgesinnten: Die schmale Gasse ist daher auch Treffpunkt der **Cosplay-Szene: Gothic, Lolita, Punk** etc., hier ist für jeden Geschmack und für jede Subkultur und jeden Fetisch etwas dabei. Dabei sollte man immer bedenken: Es geht hier nicht um politische Statements, sondern ausschließlich um modische.

› JR Harajuku, Ausgang: Takeshita-dōri

11 Meiji-Jingū-Schrein ★★★ 🦋 [B8]

明治神宮

Der Meiji Jingū ist für viele der schönste und beeindruckendste Schrein in Tokyo. Er ist ein nationales Shintō-Heiligtum und befindet sich im großen Yoyogi-Park, der grünen Oase Shibuyas. Der Schrein ist dem Meiji-Kaiser (der 122. Tennō Japans, geboren 1852 in Kyoto, gestorben 1912 in Tokyo) und seiner Frau gewidmet. Die Bauarbeiten begannen 1915 und dauerten insgesamt fünf Jahre. Die Gebäude in ihrer heu-

> **KURZ & KNAPP**
>
> **Cosplay**
>
> Cosplay ist eine der augenfälligsten Jugendkulturen in Tokyo: Teenager verkleiden sich mit möglichst auffälligen Kostümen und extravagantem Make-up als ihre Lieblingsfiguren aus Mangas, Animes oder Videospielen. Der Begriff Cosplay setzt sich aus den englischen Wörtern *costume* und *play* zusammen.

025to Abb.: ©coward_lion, stock.adobe.com

tigen Form stammen aus dem Jahr 1958, in dem sie detailgetreu und authentisch wieder aufgebaut wurden. Neben dem Inneren Garten ist auch die Schatzkammer sehr sehenswert. In ihr werden Ausstellungsstücke rund um die kaiserliche Meiji-Familie gezeigt.

Drei Millionen Besucher strömen allein rund um das **Neujahrsfest** zum Meiji Jingū. Große Feierlichkeiten finden hier auch jedes Jahr rund um den 3. November statt, dem Geburtstag des Meiji-Tennō. Dann gibt es Tänze, Sumo, Musik und Theaterveranstaltungen auf dem 70.000 Quadratmeter großen Areal. Am Meiji Jingū hat man gelegentlich auch die Chance, eine japanische Hochzeitsgesellschaft aus der Nähe zu erleben, da hier gerne traditionelle Trauungen zelebriert werden.

Der **Yoyogi-Park** ist mit seinen 120.000 Bäumen ein wunderbarer Ort für ein Picknick oder für einen ausgiebigen Spaziergang. Wenn man Glück hat, erlebt man dort noch ein paar Bands oder Straßenmusiker – diese müssen jedoch für eine Erlaubnis erst vor der Tokyoter Stadtbehörde vorspielen, also sollte man im öffentlichen Raum Tokyos prinzipiell nicht so viel Straßenmusik wie in westlichen Metropolen erwarten. An einigen Sonntagen finden im Park Flohmärkte statt, bei denen die Tokyoter ihre alten Haushaltswaren oder Kleidungsstücke verkaufen. Manchmal werden diese Flohmärkte durch kleinere japanische Festivals ergänzt – der Yoyogi-Park ist also vor allem an Wochenenden gut besucht.

› JR Harajuku, Ausgang Omotesandō und U-Bahn: Meiji-Jingūmae, Ausgang 3, www.meijijingu.or.jp/en, geöffnet: täglich von Sonnenauf- bis Sonnenuntergang, Eintritt zum Inneren Garten und zur Schatzkammer jeweils 500 ¥

⌃ *Auf dem Weg zum Meiji-Jingū passiert man dieses schöne Tor*

052to Abb.: ©coward_lion, stock.adobe.com

Das historische Tokyo: Ueno und Asakusa

Ein Besuch in Ueno und Asakusa sollte bei keinem Toyko-Besuch fehlen, denn hier ist die Stadt sowohl hinsichtlich der Altbausubstanz als auch **kulturell besonders interessant.** Ueno wurde von den Bombardierungen im Zweiten Weltkrieg weitgehend verschont und bietet neben den belebten Straßenzügen auch ein ruhiges Ambiente inmitten Tokyos. Hier finden sich interessante Museen, außergewöhnliche Tempel – und ein paar sehr gute Ryokans (s. S. 116), die die Basis für einen gelungenen Tokyo-Aufenthalt bilden können. Ueno liegt im nordöstlichen Tokyo und ist damit bequem vom Flughafen Narita (s. S. 102) aus zu erreichen, ohne dass man das Gepäck quer durch die halbe Stadt schleppen muss. Das kann in Tokyo ein nicht zu unterschätzender Vorteil sein.

⌃ *„Der Denker“ von Rodin vor dem National Museum of Western Art* 14

12 Ameyoko-Markt ★★★ [H4]

アメヤ横丁

Vor dem Ueno-Park 13 herrscht parallel zur Bahnlinie Yamanote-sen und zwischen den Stationen Okachimachi und Ueno eine schöne Marktatmosphäre. Der Ameyoko-Markt ist immer gut besucht, oft auch überfüllt. Es gibt Lebensmittel, Süßigkeiten, Kleider, Krimskrams – ganz, wie es sich für einen **authentischen Markt** gehört. Hier drängeln die Einheimischen, die frische Lebensmittel für zu Hause einkaufen, und die Touristen, die auf einen Snack vorbeischauen.

Ursprünglich war hier nach dem Zweiten Weltkrieg ein blühender Schwarzmarkt entstanden – und auch heute noch verleihen die Verkäufer und Marktschreier der engen Gasse einen **rauen und schrillen Charme.** Besonders laut und stolz scheinen die Fischverkäufer zu sein, die ihren frischen Fisch – oftmals gerade vom Äußeren Markt 6 in Tsukiji besorgt – an die Kundschaft bringen wollen. Die meisten Stände haben von 10 bis 19 Uhr geöffnet. Man kann hier sogar handeln, was sonst in Tokyo nicht möglich ist.

› JR Ueno, Südausgang oder JR Okachimachi, Nordausgang, tägl. geöffnet

13 Ueno-Kōen ★★ [H4]

上野公園

Der Ueno-Kōen – Kōen ist das japanische Wort für Park – ist einer der wenigen Orte in Tokyo, an dem man Straßenkunst und öffentliche Performances live erleben kann. Streetdancer, Hip-Hopper und Musiker kommen immer wieder gerne in den weitläufigen Park, um miteinander zu trainieren oder um vor Zuschauern aufzutreten. Außerdem befindet sich hier im Park auch das Nationalmuseum Tokyo 15.

Der Ueno-Park wurde 1872 eröffnet und war der **erste öffentliche Park Japans.** An Wochenenden strömen die Menschen in den Park und bevölkern die großen Kirschbaumalleen. Zur Kirschblüte im Frühjahr findet man kaum einen freien Zentimeter. Dieser geschichtsträchtige Ort war Schauplatz der Entscheidungskämpfe rund um die Meiji-Restauration. Hier besiegten die kaiserlichen Meiji-Truppen die Soldaten des Tokugawa-Shogunats und beendeten damit die Vorherrschaft des Shōguns.

Kommt man aus der Richtung Ameyoko-Markt 12 in den Park, gelangt man zunächst an Schautafeln vorbei zu einer kleinen Anhöhe. Dort befindet sich das **Denkmal von General Takamori Saigō**, dem Hauptbefehlsführer der siegreichen kaiserlichen Meiji-Truppen, der 50.000 Samurai anführte.

Nach dem Sieg wandte sich Saigō jedoch vom Kaiser ab. Saigō war ein Gegner der Öffnung Japans und führte 1877 in der **Satsuma-Rebellion** seine eigene Armee gegen den Tennō in den Kampf. Nach mehreren Monaten mit bürgerkriegsähnlichen Zuständen wurde Takamori Saigō getötet. Seine Popularität in Japan war dennoch so groß, dass ihn die Meiji-Regierung bereits 1889 posthum begnadigte. Seine Geschichte bildete auch die Grundlage des Hollywood-Films „The Last Samurai". Die Statue im Ueno-Park zeigt ihn beim Spaziergang mit seinem Hund.

› JR/U-Bahn: Ueno, Ausgang Ueno-Kōen, geöffnet: tägl. 5–23 Uhr, Eintritt frei

14 National Museum of Western Art ★ [H4]

国立西洋美術館

Unweit vom Nationalmuseum Tokyo 15 befindet sich das National Museum of Western Art, das westliche Malerei von der Renaissance bis zum frühen 20. Jahrhundert präsentiert. Ein weiterer Schwerpunkt der Ausstellung liegt auf moderner französischer Bildhauerei.

Das Hauptgebäude stammt aus dem Jahr 1959 und wurde von dem französischen Architekten Le Corbusier entworfen. Auf **drei Stockwerken** beinhaltet es zahlreiche Gemälde aus dem 18. Jahrhundert, darunter Werke von Rubens, Van Ruysdael und Ribera. In einem Erweiterungsbau (New Wing, 1997) werden Werke der Meister Renoir, Monet, Van Gogh, Gauguin, etwas weiter auch von Picasso, Ernst, Miro, Dubuffet und Pollock ausgestellt. Nicht entgehen lassen sollte man sich auch die insgesamt 58 Skulpturen von Auguste Rodin, die in und um das Museum zu finden sind.

› JR/U-Bahn: Ueno, 7–7 Ueno-Kōen, Taitō-ku, Tel. 3828–5131, www.nmwa.go.jp, geöffnet: Di.–Do. und So. 9.30–17.30, Fr., Sa. 9.30–20 Uhr, Eintritt: 500 ¥

⑮ Nationalmuseum Tokyo ★★★ [H3]

東京国立博物館

Wer sich auf nur ein Museum in Tokyo beschränken muss, dessen Wahl sollte auf das Nationalmuseum fallen. Es ist das älteste und für viele beste Museum der Stadt.

Das Nationalmuseum im Ueno-Park ⑬ veranschaulicht mit mehr als **120.000 Exponaten** die Kultur und Geschichte Japans von der Jōmon-Zeit (s. S. 90) bis zur Gegenwart. Das Museum zeigt bedeutende Exponate aus der Welt der Archäologie, Skulpturkunst, Malerei, Kalligrafie und dekorativen Kunst. Aus konservatorischen Gründen wechseln die Ausstellungsgegenstände sehr häufig.

Der Museumskomplex ist in insgesamt sechs Galerien aufgeteilt. Die größte ist die **Honkan-Galerie** mit Exponaten zur Kunstgeschichte des Landes. In diesem Gebäude findet sich auch der Museumsshop.

KURZ & KNAPP

Buddhismus und Malerei

Unter den verschiedenen Zen-Kunstformen erfreuten sich Tusche-Zeichnungen besonderer Beliebtheit, da das Streichen mit einem Pinsel selbst schon als ein hervorragender Ausdruck für die Idee des Zen erschien: Intensität und Qualität der Tusche sowie des Strichs gingen mit der einfachen und doch klaren Idee des Zen einher. Im 14. Jh. standen einfache Priesterporträts im Mittelpunkt buddhistischer Malerei, im 15. Jahrhundert waren es eher Landschaften mit Gedichten, für deren Meisterwerke vor allem Jōsetsu und Shūbun verantwortlich zeichnen. Einen hervorragenden Überblick zum Thema Buddhismus und Malerei liefert das Nationalmuseum Tokyo ⑮.

Darüber hinaus gibt es im Nationalmuseum mehrmals pro Monat Vorlesungen zu kunsthistorischen Themen. Studienräume und ein Informationszentrum stehen ebenfalls zur Verfügung.

› JR/U-Bahn: Ueno, 13-9 Ueno-Kōen, Taitō-ku, Tel. 3822-1111, www.tnm.jp, geöffnet: Di.–Do. und So. 9.30–17, Fr., Sa. 9.30–19 Uhr, Eintritt: 1000 ¥

⑯ Yanaka ★★ [H3]

谷中

Das Yanaka-Viertel lädt zu einem kleinen Spaziergang ein. Der bezaubernde Bezirk, der zur sogenannten Shitamachi (Unterstadt) gehört, wurde weder durch Bombardierungen noch durch Erdbeben zerstört. Hier ist das **Tokyo der früheren Zeit** erhalten, mit kleinen Gassen, vielen unscheinbaren Tempeln und alten Häusern, die im traditionellen Stil erbaut sind. Manche Geschäfte scheinen noch direkt aus dem alten Edo zu stammen. Hier kann man in Ruhe flanieren oder entspannt den kleinen Galerien oder Museen einen Besuch abstatten.

M9 [H4] **Shitamachi Museum,** 2-1 Ueno-Koen, Taitō-ku, JR Ueno, fünf Minuten zu Fuß, Tel. 3823-7451, www.taitocity.net/zaidan/shitamachi, geöffnet: Di.–So. 9.30–16.30 Uhr, Eintritt: 300 Yen. Altes traditionelles Holzhaus, in dem man das nostalgische Tokyo spürt. Die kostenlose englischsprachige Führung durch das Museum ist empfehlenswert. **2024 ist das Museum wegen eines großen Umbaus geschlossen,** die Wiedereröffnung ist für März 2025 geplant.

Am besten geht man vor dem Nationalmuseum Tokyo ⑮ an der Kunstuniversität vorbei – schon ist man mittendrin im Viertel. Wer dem Yanaka-Friedhof (direkt am Bahnhof

Nippori gelegen) einen Besuch abstattet, kann von oben einen schönen Blick auf das ganze Viertel genießen. Die Bahnhöfe Ueno und Nippori liegen rund drei Kilometer voneinander entfernt. Wer Hunger bekommt, könnte auch der nostalgischen Yanaka-Ginza-Marktstraße einen Besuch abstatten. Dort findet man günstige Snacks auch zum Mitnehmen.

› Yanaka-Viertel, zwischen JR Ueno und JR Nippori

17 Kappa-bashi dōgugai ★ [J4]

かっぱ橋道具街

Die Kappa-bashi dōgugai ist die größte japanische Einkaufsstraße für Haushaltswaren. Besonders beeindruckend sind hier die **Plastikmodelle**, die viele Restaurants in Japan für ihre Schaufenster nutzen. Restaurants und Cafés lassen in der Kappabashi gerne ihre Speisen als Modelle duplizieren: vom modellierten Hummer bis zur Pizza, von der Misosuppe bis zum süßen Dessert, als Tellergericht, als Magnet, als Schlüsselanhänger und vieles mehr.

Das Geschäft Ganso Shokuhin Sample-ya bietet einen Workshop an, bei dem man unter Anleitung – auf Japanisch – Plastikmodelle selbst produzieren kann (Anmeldung unter Tel. 0120–171839 erforderlich, täglich 10–17.30 Uhr, 3000 ¥).

10 [J4] **Ganso Shokuhin Sample-ya**, 3-7-6 Nishi-Asakusa, Taito-ku, www.ganso-sample.com/en

› U-Bahn: Tawaramachi, Ausgang 3, www.kappabashi.or.jp

18 Sensōji-Tempel ★★★ [J4]

浅草寺

Der Sensōji-Tempel ist der bedeutendste Tempel der Stadt. Er ziert die Postkartenmotive des traditionellen Tokyo und lockt jedes Jahr rund 30 Millionen Besucher an. Das hat zur Folge, dass der Zugangsweg zum Haupttempel regelmäßig neu verlegt werden muss, da sich die Steinplatten unter den Besuchermassen immer wieder absenken.

Berühmt ist der Sensōji-Tempel – auch Asakusa-Kannon genannt – vor allem für sein **riesiges Eingangstor** mit den großen Laternen. Der größte Tempel der Metropole wurde 645 errichtet und beherbergt die goldene Statue von Kannon, der Göttin der Barmherzigkeit. Diese wurde 628 von zwei Fischern im Sumida-Fluss gefunden – so die Legende.

027to Abb.: ok

› *Die Laternen des Sensōji-Tempels sind eines der Wahrzeichen der Stadt*

MEIN TIPP

Spaziergang durch Asakusa

Natürlich muss ein Rundgang an der Asakusa Station beginnen. Dort ist auch eine Touristeninformation mit Café und Aussichtsterrasse untergebracht. Man befindet sich praktisch gleich am Eingangstor Kaminarimon und an der Nakamise. Der Weg zum Sensōji-Tempel 18 sollte nicht länger als 10 Minuten dauern – das hängt aber vom Gedränge in der Souvenirgasse ab. Vom Tempel und dem benachbarten Asakusa-Schrein kann man in weiteren 10 Minuten zum Retro-Vergnügungspark Hanayashiki (s. S. 111) laufen. Über den Sengen-Schrein (10 Min.) geht es dann weiter zum Tokyo Skytree 20 (20 Min.), dem Endpunkt des Spaziergangs.

Vom Eingangstor zum Tempel drängen sich die Menschen dicht an dicht entlang der **Nakamise** (仲見世). Bei ihnen handelt es sich um alteingesessene Verkaufsstände, die Souvenirs, Tempelzubehör und jede Menge Snacks verkaufen. Die von Ost nach West verlaufende **Denbōin-dōri** (伝法院通り), die die Nakamise kreuzt, bietet noch weitere Stände, von denen viele auch Produkte des Kunsthandwerks anbieten.

Neben der Haupthalle steht der **Asakusa-Jinja-Schrein**, der 1649 zu Ehren der beiden Fischer vom Shogun Iemitsu Tokugawa errichtet wurde und noch heute in seiner ursprünglichen Form erhalten ist. Verlässt man das Tempelareal nach rechts, so kommt man durch das Nitenmon-Tor, das ebenfalls im Original erhalten ist und einst dem Shōgun als Eingangstor vorbehalten war.

Besonderes Treiben herrscht am Sensōji-Tempel am dritten Wochenende im Mai, wenn hier das mehrtä-

Hauptanlegestellen des Wasserbusses

- •11 [J4] **Wasserbusanlegestelle Asakusa,** 1-1-1 Hanakawado, Taitō-ku, U-Bahn: Asakusa, Ausgang 5, von dort eine Minute zu Fuß, geöffnet: ab 9.30 Uhr. Die Boote verkehren zwischen 9 und 18 Uhr ein- bis zweimal pro Stunde.
- •12 [H10] **Wasserbusanlegestelle Hamarikyu,** 1-1 Hamarikyu-teien, Chuou-ku, JR/U-Bahn: Shinbashi, 12 Minuten zu Fuß. Die Boote verkehren zwischen 10.30 und 16.15 Uhr ein- bis zweimal pro Stunde.
- •13 [G11] **Wasserbusanlegestelle Hinode Pier,** 2-7-104 Kaigan, Minato-ku, Monorail: Hinode, zwei Minuten zu Fuß, geöffnet: tägl. ab 10 Uhr. Im Gebäude findet man auch ein kleines Café. Die Boote verkehren zwischen 10 und 18 Uhr ein- bis zweimal pro Stunde.
- •14 [H13] **Wasserbusanlegestelle Odaiba Kaihin Kōen (Odaiba Seaside Park),** 1-4-1 Daiba, Minato-ku, Monorail: Daiba, fünf Minuten Fußweg. Die Boote verkehren zwischen 12 und 17.30 Uhr ein- bis zweimal pro Stunde.

Hauptfahrrouten: So fährt der Wasserbus

- › **Sumida-Linie:** Asakusa – Hamarikyu – Hinode Pier – Asakusa, alle 30 Minuten
- › **Himikō-Linie:** Asakusa – Odaiba Kaihin Kōen – Toyosu – Asakusa, alle 2 Stunden
- › **Odaiba-Linie:** Hinode Pier – Odaiba Kaihin Kōen, alle 30 Minuten
- › **Informationen:** Tokyo Cruise Ship, Tel. 0120 977-311, www.suijobus.co.jp

gige Sanja Matsuri (s. S. 85) stattfindet, das größte und lauteste Festival in Tokyo.

› direkt am Bahnhof Asakusa, geöffnet: tägl. 6–17 Uhr, Eintritt frei

19 Sumida-Fluss ★ [J4]

隅田川

Eine **Bootsfahrt** mit dem „Wasserbus" auf dem Sumida-Fluss zeigt Tokyo aus einer ganz anderen Perspektive. Der in die Bucht von Tokyo mündende Sumida ist vielleicht nicht gerade der malerischste Fluss der Welt, doch bietet er zumindest im schwülheißen Sommer eine angenehme Brise. Die Bootsanlegestelle für Fahrten auf dem Sumida befindet sich unweit des Sensōji-Tempels 18. Besonders futuristisch ist der **„Himiko"**, ein vom Manga-Starautor Reiji Matsumoto („Ginga-Tetsudō/ Galaxy-Express 999") entworfenes Boot, das Touren für Touristen anbietet. Von der Anlegestelle kann man u. a. in 40 Minuten von Asakusa nach Odaiba fahren.

20 Tokyo Skytree ★★★

東京スカイツリー

Asakusa ist nicht nur altstädtisch, sondern zugleich äußerst modern: Der Tokyo Skytree ist mit seinen 634 m der höchste freistehende Fernsehturm der Welt und ein Wahrzeichen des modernen Tokyo. Hier verbinden sich Tradition und Moderne exemplarisch.

Die **Aussichtsplattform Tembo Deck** auf einer Höhe von 350 Metern erlaubt einen beeindruckenden Blick über die Stadt – bei guter Sicht kann man in der Ferne sogar den Fuji 44 er-

028to Abb.: tcvb

Der Tokyo Skytree ist der höchste freistehende Fernsehturm der Welt

MEIN TIPP

Café mit Blick auf den Skytree

Die Gebäude der Firma Asahi am Sumida-Fluss 19 sind aufgrund ihrer besonderen Architektur weithin sichtbar. Besonders markant sind das schwarze Gebäude, das in seiner Form an ein Bierglas erinnern soll, sowie das zweite Gebäude, auf dem eine 300 Tonnen schwere Skulptur in Form einer goldenen Flamme liegt. Asahi gehört zu den größten Getränke-Unternehmen in Japan. Das Unternehmen produziert Bier, Whisky und Wein, aber auch Softdrinks. In der 22. Etage des Hauptgebäudes gibt es ein Café – natürlich mit Bier und mit Blick auf den Skytree 20.

15 [K4] **Asahi BeerTower,** Asahi Sky Room Café, geöffnet: 10–22 Uhr, 3 Min. von der U-Bahn: Asakusa entfernt

kennen. Wem das noch nicht reicht, der kann in die **Tembo Galleria** auf 450 m hochfahren – dort wartet ein 110 m langer gläserner Boden auf schwindelfreie Besucher. Wie in Japan üblich, gehört zu jeder Attraktion auch ein großes Einkaufszentrum – „Tokyo Solamachi" heißt es in diesem Fall.

Das Ticket kann vorab online oder direkt am Eingang gekauft werden. Wer Wartezeiten vermeiden möchte, entscheidet sich für ein teureres „Fast Skytree Ticket", das ausländische Touristen gegen Vorlage des Reisepasses am Counter kaufen können.

› Tokyo Skytree Station, U-Bahn: Oshiage (Skytree) oder 15 Min. Fußweg von Asakusa Station, www.tokyo-skytree.jp/en, Tel. 05 7055-0634, tägl. 10–21 Uhr, Tembo Deck mit Tembo Galleria: 3100 ¥ (online 2700 ¥)

Tokyo am Wasser: Odaiba, Toyosu und Hama-Rikyū-Garten

Odaiba ist ein modernes und relativ junges Viertel. 1996 als neu aufgeschüttete Insel in der Bucht von Tokyo eröffnet, ist es seitdem Einkaufs- und Ausflugsziel für junge Paare und Familien. „Odaiba" bedeutet wörtlich „Festung". Dies rekurriert auf die Edo-Zeit, als man künstliche Inseln zum Schutz gegen feindliche Angriffe errichten ließ. Im Rahmen der Olympischen Spiele 2021 fanden hier viele Wettbewerbe statt – auch die Olympischen Ringe wurden hier positioniert. Seitens der Stadtverwaltung gibt es Überlegungen, auf der künstlichen Insel ein Kasino zu eröffnen.

21 Freiheitsstatue und Promenade ★★ [H13]

自由の女神像とスカイウォーク

An der Bootsanlegestelle in Odaiba steht man gleich auf der schönen Promenade im Odaiba-Meerespark, auf der sich auch die wundersame Freiheitsstatue befindet. Von der Promenade blickt man auf die Rainbow-Brücke, die Odaiba mit Shinagawa verbindet. Sie bietet nachts ein schönes Lichterspiel und wohl auch deswegen ist die Promenade ein **romantischer Ort**, an dem viele Paare einen Spaziergang am Strand machen oder sich abends zum Date verabreden. Die kleine Freiheitsstatue kam ursprünglich 1998 nach Tokyo, anlässlich der Feierlichkeiten zum „Französischen Jahr in Japan". Sie steht allerdings immer noch hier und daran wird sich wohl auch nichts mehr ändern.

› **Anfahrt:** Die Anfahrt mit der Linie Yurikamome allein bietet schon schöne Eindrücke von der Gegend, alternativ mit dem Wasserbus (s. S. 24) bis Odaiba Kaihin Kōen.

22 Fuji TV ★ [H13]

フジテレビ

Zur künstlichen Welt Odaibas passt, dass der populäre Fernsehsender Fuji TV seinen Sitz hierher verlegt hat. Das futuristische Gebäude, das der japanische Star-Architekt Kenzō Tange entworfen hat, ist das **architektonische Highlight und Wahrzeichen der Insel.** Die Stahlkonstruktion trägt in rund

▷ *Wasser mit Skyline: Odaiba*

100 Metern Höhe eine riesige Kugel, in der Ausstellungen stattfinden.

Wie groß die Popularität von Fuji TV ist, lässt sich für ausländische Besucher vielleicht an der Vielzahl der Besucher – hauptsächlich japanische Teenager – ablesen, die an der hauseigenen Fuji-TV-Führung teilnehmen. Diese wird zwar nur auf Japanisch angeboten, dafür ist der Blick von der **Aussichtsplattform** im 25. Stock aber nicht zu verachten.

› JR Tokyo Teleport, Eintritt frei, Aussichtsplattform 700 ¥, Di.–So. 10–18 Uhr

23 Miraikan-Technikuseum ★ [H14]

日本科学未来館

Im **Nationalmuseum für Wissenschaft und Innovation,** Miraikan genannt, präsentieren Wissenschaftler und Ingenieure Ausstellungen mit den neusten japanischen Technologien. Das Museum ist ein weiteres Beispiel dafür, wie technikverliebt Odaiba ist. Es gibt viele **interaktive Exponate und Vorführungen:** Man kann zum Beispiel eine virtuelle Reise um die Erde von einem Spaceshuttle aus erleben oder die Kommunikation mit japanischen Robotern erproben. Der Museumsdirektor Mamoru Mori war früher übrigens selbst Astronaut.

Obwohl sich das Museum vor allem an Schüler richtet, können hier auch ältere Technikfans auf ihre Kosten kommen.

› National Museum of Emerging Science and Innovation, Telecom Center Station, Tel. 3570-9151, www.miraikan.jst.go.jp/en, Eintritt: 630 ¥, geöffnet: Mi.–Mo. 10–17 Uhr

24 Toyosu-Markt ★ [I11]

豊洲市場

Toyosu ist eine weitere künstliche Insel, die in den 1930er-Jahren angelegt wurde. Sie ist der Standort eines der größten Fischmärkte der Welt, der fast doppelt so groß ist wie sein Vorgänger in Tsukiji.

Nachdem der alte Tsuikiji-Fischmarkt zweigeteilt wurde (siehe auch S. 16), findet die **morgendliche Thunfisch-Auktion** nun hier im Großmarktzentrum von Toyosu statt. Jetzt kann man als Tourist nicht mehr zwischen den Händlern herumlaufen,

sondern beobachtet das Treiben vom **Besucherzentrum hinter einer Glasscheibe** aus.

Was viele Besucher als weniger romantisch und abenteuerlich empfinden, ist für die Händler dagegen ein Segen: Sie können sich auf ihr Geschäft konzentrieren. Trotzdem erlebt man als Tourist noch immer eine **schöne Großhandelsatmosphäre.**

› Anfahrt: Shijō-mae Station, Yurikamome Linie, tägl. 5–17 Uhr, So. und gelegentlich Mi. geschlossen

25 TeamLab Planets ★★ [J11]

チームラボプラネッツ

Das neuste technologische Highlight in Toyosu ist TeamLab Planets Tokyo. Das **Museum** besteht aus vier großen Kunsträumen und zwei Gärten, die vom angesagten Künstlerkollektiv TeamLab – einer Gruppe von Künstlern, Programmierern und 3-D-Künstlern – geschaffen wurden. Einer der Räume im Museum ist das „Wassermuseum", in dem die Besucher einen bunten Ausstellungsraum erkunden, manchmal barfuß und teilweise knietief im Wasser. Der futuristische und digital ausgestattete Raum ist eine Mischung aus Wunderland und grenzenlosem Erlebnis, die einen eine Zeit lang aus der realen Welt entführt.

› TeamLab Planets, Yurikamome Shin-Toyosu Station, www.teamlab.art/jp/e/planets, Öffnungszeiten variieren monatlich. Es empfiehlt sich, Tickets vorher online zu kaufen. Eintritt: ca. 4000 ¥.

26 Tokyo Toyosu Manyo Club ★ [I11]

東京豊洲万葉倶楽部

Der Tokyo Toyosu Manyo Club ist ein Erlebnis- und Wellnessbad, das Anfang 2024 in der Nähe des Toyosu-Markts 24 an der Tokyo-Bucht eröffnet hat. Das Onsen-Wasser wird jeden Tag aus Hakone geliefert.

In der **riesigen Badelandschaft** gibt es verschiedene Becken inklusive Freibad (mit Blick auf die Bucht!), Fußbäder, Ruhebereiche, Essensstände – eben alles, was man für einen Wellnesstag in einem Bad so braucht. Und das rund um die Uhr: Es gibt Entspannungsräume mit bequemen Liegestühlen, in denen man bis zum Morgen bleiben kann (gegen Aufpreis). Direkt neben dieser Anlage steht eine weitere Einkaufs- und Vergnügungsstätte – der **Toyosu Edomae Market.**

› Anfahrt: Shijō-mae Station, Yurikamome Linie, https://tokyo-toyosu.manyo.co.jp/languages/en

27 Hama-Rikyū-Garten ★★★ [G10]

浜離宮

Grünen Tee im wunderbaren japanischen Garten genießen? Die Füße ins kühlende Wasser halten und dabei die Tokyoter-Skyline bewundern? Das ist im herrlich ruhigen Hama-Rikyū-Garten an der Tokyo-Bucht möglich. Der Garten kann auch mit dem Wasserbus von Asakusa über Odaiba erreicht werden.

Wer sich nur bedingt für Natur begeistern kann, für den ist Tokyo insgesamt sicherlich das richtige Reiseziel. Wenn man die wenigen Parks meidet und sich ausschließlich mithilfe der Metro fortbewegt, wird man nicht allzu viel Natur zu Gesicht bekommen.

Für den Hama-Rikyū-Garten könnte es sich aber auch für Naturmuffel lohnen, eine Ausnahme zu machen. Fans von japanischen Gärten und von japanischer Kultur wird er ohnehin begeistern. Der Garten gehörte einst der mächtigen Tokugawa-Familie und umfasst eine wunderbare **Teichanlage.** Die Anlage ist die einzig erhaltene ihrer Art in Tokyo, in die Meerwasser einfließt. Dadurch erlebt man Landschaften, die sich durch die Gezeiten verändern.

Über einen kleinen, meist mit Enten bevölkerten Steg gelangt man zum Teehaus, das sich in der Mitte des Teiches befindet. Hier kann man eine **Teezeremonie** genießen und einen kleinen Eindruck davon bekommen, wie entscheidend eine ruhige Umgebung für eine Teezeremonie ist. Eine Schale Tee *(o-cha)* und eine Süßigkeit kosten 500 ¥. Manchmal sieht man hier auch Touristen, die ein kleines Nickerchen machen – auch Tokyo kann entspannend sein.

› U-Bahn:Tsukiji-Shijō Station, von dort 7 Fußminuten, Tel. 3541-0200, Eintritt: 300 ¥, tägl. 9–17 Uhr

Stilvoll und ruhig: der Hama-Rikyū-Garten

Die Teezeremonie

Die Tradition, aus Pflanzen Tee zuzubereiten, reicht in Japan bis ins 8. Jahrhundert zurück. Ursprünglich fand der Tee in Tempeln und unter Hofleuten als eine Art Medizin und zur Kräftigung der Persönlichkeit Anwendung.

Zu Beginn des 14. Jahrhunderts war der Tee bereits in der gesamten Bevölkerung verbreitet.

Die Teezeremonie, in Japan „Sadō" oder „Chanoyu" genannt, ist ein ästhetisches Ritual rund um das Zubereiten und Servieren des Getränks. Die zugrunde liegende Philosophie der Teezeremonie (auch als „Teeweg" bezeichnet) steht dem Zen nahe: Die Grundprinzipien sind Wa (Harmonie), Jaku (Stille), Kei (Respekt) und Sei (Reinheit) – deswegen passen Teezeremonien und japanische Gärten auch so gut zusammen.

Murata Shukō verband als erster großer Teemeister im 15. Jahrhundert die Teelehre mit derjenigen des Zen. Als bedeutendster Meister der formvollendeten Teezeremonie gilt Senno Rikyū (1521–1591). Bis ein Teemeister die exakte Ausführung der Teezeremonie erlernt, vergehen viele Jahre. Heute gibt es in Japan zahlreiche traditionelle Schulen, an denen die exakten Handbewegungen und die Choreografie unterrichtet werden. Bei den Teezeremonien für Touristen (s. S. 53) erhält man einen kleinen Einblick in diese Welt, bei der es auf jede einzelne Geste und Bewegung ankommt …

Tokyos Skyline: Shinjuku

Shinjuku ist das Zuhause vieler Wolkenkratzer und ein turbulentes Geschäftszentrum. Der Bahnhof Shinjuku gilt – gemessen an den täglichen Passagierzahlen – als größter Bahnhof weltweit. 3,5 Millionen Zuggäste steigen hier täglich ein und aus. Zu Stoßzeiten herrscht ein großes Gedränge und es stellt eine Meisterleistung dar, in dem Labyrinth aus Ein-, Aus- und Zugängen den Überblick zu behalten.

28 Rathaus ★★★ [A6]

東京都庁

In das Rathaus Shinjuku, dem Tokyo Metropolitan Government Building, geht man vor allem wegen der Aussichtsplattform. Diese befindet sich im 45. Stock auf 202 Metern Höhe, der Zutritt ist kostenlos. Der Hochgeschwindigkeitsaufzug bringt die Besucher in wenigen Sekunden auf die 360-Grad-Panorama-Plattform. Von hier aus hat man den besten Blick auf Tokyo. Man erkennt zum Beispiel Roppongi Hills 37 und sieht die Tokyo-Bucht. Und mit etwas Glück und gutem Wetter kann man sogar den Fuji 44 in der Ferne erblicken.

Das kathedralenartige Gebäude mit den Zwillingstürmen ist schon von Weitem sichtbar. Während des Bauprozesses beschwerten sich viele Tokyoter 1991 nicht nur über die Baukosten von umgerechnet rund einer Milliarde Euro, sondern auch über die allzu mächtigen Türme und befürchteten eine im wahrsten Sinne „abgehobene" Stadtverwaltung. Doch inzwischen sind die Türme des japanischen Stararchitekten Kenzō Tange zu einem Wahrzeichen von Tokyo geworden. Im Erdgeschoss des Gebäudes befindet sich die **zentrale Touristeninformation** der Stadt Tokyo (s. S. 107). Hier erhält man die besten und aktuellsten Informationen über die Stadt.

› Shinjuku Station, von dort 5 Minuten zu Fuß, oder U-Bahn: Tochomae
› 2-8-1, Nishishinjuku, Shinjuku-ku, Tel. 5320-7890, Aussichtsplattform tägl. 9.30-22 Uhr, Touristeninformation 9.30-18.30 Uhr, am 2. und 4. Mo. des Monats geschlossen

29 Kabuki-chō ★★★ [B6]

歌舞伎町

Schwulenbars, Nachtclubs, Discos, Karaoke-Bars, und Godzilla: Das quirlige Viertel Kabuki-chō hat viele interessante Gesichter. Die meisten davon sind sogar legal.

031to Abb.: tcvb

Im Rathaus wartet auf 202 Metern Höhe eine tolle Aussichtsplattform

Pachinko

Pachinko-Hallen erkennt man an den Warteschlangen davor oder am ohrenbetäubenden Lärm und Klappern, das aus den Hallen auf die Straße dröhnt. Hunderte von Automaten drängen sich dicht an dicht wie in einer Spielhalle. Das Espace Shinjuku Pachinko Parlor in Kabuki-chō ist eines der größten seiner Art – auf drei Etagen wird hier tagein, tagaus gezockt. Insgesamt soll es in Tokyo mehr als 1000 Pachinko-Spielstätten geben.

039to Abb.: ds © Angela Ostafichuk

Die japanische Erfindung Pachinko mit einem senkrechten Flipper oder einem Geldspielautomaten zu vergleichen, kommt der Sache nur ansatzweise nahe. Spieler kaufen einige Hundert Metallkugeln, die oben in den Automaten eingeworfen werden. Die Kugeln fallen durch labyrinthartig angeordnete Nägel und Stifte nach unten, wobei der Spieler mit einem Regler die Geschwindigkeit steuern kann. Idealerweise lenken die Spieler die Kugeln so, dass diese unten in Speziallöcher fallen – was wiederum Kugelnachschub oder andere Bonusse auslöst. Gewinner erkennt man also an vielen Schalen mit Metallkügelchen, die an der Kasse gegen Sachpreise eingelöst werden, denn offiziell herrscht in Japan nach wie vor Geldspielverbot, auch wenn ein Glücksspielgesetz Kasinos erlaubt.

Pachinko nur als Hobby zu bezeichnen, ginge nicht weit genug. Die Zahl der Berufsspieler wird auf an die 50.000 geschätzt. Angaben, wie viele Menschen sich mit Pachinko ruiniert haben und wie viele der Sucht zum Opfer gefallen sind, finden sich seltener. Ab und an gibt es im Sommer traurige Nachrichten, etwa dass ein Kind im Auto erstickt ist, weil die Mutter oder der Vater stundenlang beim Pachinko-Spielen war. Dann geht die Diskussion um Spielsucht in Japan wieder aufs Neue los.

Berufsspieler behaupten, dass es neben Glück wohl auch einer Portion Technik bedarf. Bestimmte Automaten, die den regelmäßigen Spielern zufolge mehr Gewinne ausschütten als andere, sind sehr begehrt. Deshalb kann es sein, dass einige Automaten in der Spielhalle frei sind, gleichzeitig aber Spieler an einem anderen Automaten anstehen. Die Spielhallen sind vor allem an den Abenden und Wochenenden gut gefüllt.

Das Viertel beginnt unmittelbar nachdem man den Ostausgang am Bahnhof Shinjuku verlassen hat. Der Name des Viertels Kabuki-chō geht auf Pläne nach dem 2. Weltkrieg zurück, hier ein Kabuki-Theater zu errichten. Dazu kam es zwar nie, aber der Name blieb.

Seitdem hat das Viertel unterschiedliche Phasen durchgemacht:

Mit den Boom-Jahren stiegen die Umsätze, mit den Wirtschaftskrisen verschwanden viele Clubs wieder. Zwischendurch wurden auch immer wieder Versuche seitens der Stadtregierung unternommen, dem Treiben im Amüsierviertel Einhalt zu gebieten.

Am frühen Abend trifft man am ehesten auf Jugendliche und Touristen, die das etwas anrüchige Tokyo erleben wollen. Je später der Abend in Kabuki-chō wird, desto illustrer werden die Gäste. Geschäftsleute kaufen ein paar Geschenke für ihre Hostessen. Spieljunkies gehen pleite nach Hause. Und Männergruppen gehen in Erotik-Shops. Die meisten Vergnügen hier gehen bis in die Morgenstunden und sind absolut harmlos und legal.

Aber wie überall, wo Glücksspiel und Prostitution anzutreffen sind, gibt es Angebote, die mit Vorsicht zu genießen sind. Als Faustregel gilt: Je billiger das Angebot erscheint und je mehr Personal zum Barbesuch auffordert, desto vorsichtiger sollte man sein.

Shinjuku-Nichōme, direkt neben Kabuki-chō gelegen, ist auch das Zentrum der japanischen **Lesben- und Schwulenszene:** im Bezirk **Nichōme** finden sich auf engstem Raum 200 bis 300 Bars für homosexuelles Publikum. Meistens sind die Bars recht klein und mit gemischtem japanisch-internationalem Publikum. **Hier ist Tokyo vielfältig, abwechslungsreich – und absolut weltstädtisch.**

› Shinjuku Station, Ausgang Ost

30 Tokyu Kabuki-chō Tower ★ [B6]

東急歌舞伎町タワー

Der Wolkenkratzer mit 53 Stockwerken und einer Höhe von insgesamt 225 Metern wurde 2023 an der Stelle des Milano-za-Theaters in Kabuki-chō eröffnet. Er beherbergt zahlreiche Unterhaltungseinrichtungen wie Kinos, das Theater Milano-Za, eine Livemusik-Halle, ein Namco Game Center sowie ein Hotel und Restaurants. Die Hauptattraktion ist die farbenfrohe **Kabuki-Halle** im 2. Stock: ein Food Court mit über 1000 Sitzplätzen, hier kann man inmitten der glitzernden Neondekorationen essen und trinken. Täglich finden auch Veranstaltungen statt, der Geräuschpegel ist recht hoch. Die Entwickler haben versucht, diese Etage den Straßen von Kabuki-chō nachzuempfinden – ob dies gelungen ist, mag Geschmackssache sein. Der wahre Geheimtipp und Mehrwert ist jedoch die Aussicht aus dem 17. Stockwerk: Man kann einfach mit dem Aufzug hinauffahren und Kabuki-chō bei Nacht kostenlos von oben betrachten.

› von JR Shinjuku 7 Min. zu Fuß, rund um die Uhr geöffnet, www.tokyu-kabukicho-tower.jp

31 Shinjuku Gyoen ★★ ❀ [C7]

新宿御苑

Der Park Shinjuku Gyoen ist vor allem zur **Kirschblüte** (s. S. 85) eine Attraktion: Die 1500 Kirschbäume lassen hier die Herzen der Besucher höherschlagen. Der 1960 fertiggestellte und rund 58 Hektar große Nationalgarten weist Elemente von japanischen, französischen und englischen Gartenanlagen auf. Neben einem tropischen Gewächshaus gibt es im Park auch einen traditionellen japanischen Pavillon, in dem man in netter Atmosphäre ein Tässchen Tee und Süßigkeiten genießen kann.

› U-Bahn: Shinjuku-gyoenmae, Ausgang 1, Tel. 3350-0151, Di.–So. 9–16 Uhr, Eintritt: 500 ¥

Anime und Manga: Akihabara und Umgebung

Tokyo als surreal wahrzunehmen, ist nicht gerade schwierig. Das Zentrum der Anime-, Gaming- und Mangaszene, in dem sich **Fans und Cosplayer** (s. S. 18) begegnen, ist Akihabara – oft einfach „Akiba" genannt. Hier gibt es neben Mangas auch jede Menge Elektronik- und Technik-Geschäfte. Das Publikum ist überwiegend jung und männlich. Hier liegt der Spielplatz der „otaku" – der japanischen Nerds.

32 Meido-Cafés ★★★ [H5]

メイドカフェ

Bedienungen im Manga-Kostüm, in einer Schuluniform oder im Krankenschwester-Outfit: In den Meido-Cafés ist Tokyo mal wieder ziemlich extravagant und einzigartig.

Die Meido-Cafés sind eine mittlerweile etablierte Errungenschaft der **„Otaku-Gemeinde".** Sie entsprechen dem Wunsch vieler Anime- und Manga-Fans, ihren virtuellen Stars auch im echten Leben nahe sein zu können. Tokyo wäre nicht Tokyo, wenn man auf spezielle Wünsche nicht auch geschäftliche Antworten wüsste. Diese Cafés sind also vor allem mit jungen Männern gefüllt, die Mangas lesen und sich von ihrer Lieblingsfigur bedienen lassen. Manchmal, oder gegen Aufpreis, darf man auch Fotos von sich und der Bedienung machen. Zudem sorgen die Bedienungen für die **perfekte Illusion,** indem sie mit Habitus und Sprache besonders liebreizend auftreten. Da gibt es auf der servierten Pasta schon mal ein kitschig-süßes Herz aus Tomatensauce gemalt – die anwesende Männergemeinde ist begeistert.

Um einen Eindruck von dieser Kultur zu bekommen, muss man nicht einmal ein Café besuchen. Es reicht eigentlich schon, den Bahnhof Akihabara in Richtung „Electric Town" 33 zu verlassen und schon wird man alle paar Meter von auffällig gekleideten Anime-Mädchen auf die Cafés und Shops hingewiesen. Auch wer ein Kostümchen für zu Hause erstehen will, wird hier leicht fündig – viele Kaufhäuser veräußern gleich etagenweise die buntesten, knappsten und fantastischsten Kostüme der **Tokyoter Cosplay-Szene.**

› Akihabara Station, Ausgang Denki-gai

33 Electric Town ★ [H6]

秋葉原電気街

Neben den Meido-Cafés 32 gibt es in Electric Town im Stadtteil Akihabara jede Menge Technik. Hier bekommt man sowohl aktuelle Technik als auch relativ preiswerte Secondhandgeräte wie Laptops, Handys oder Tablets. Viele Geschäfte werben mit „Discount" oder „Tax Free".

032to Abb.: ok

› *Willkommen im Meido-Café*

Sumo in Tokyo

Sumo ist ein Spektakel. Sumo ist besonders. Sumo ist typisch japanisch. Und Sumo ist Tokyo. An jeweils 15 Tagen im Januar, Mai und September versammeln sich in Tokyo die Rikishi, die schwergewichtigen Sumo-Athleten, um den besten Ringer zu ermitteln. Bei den Wettkämpfen verbinden sich Sport und Ritual auf eine einmalige Weise. Die Wettkämpfe in Tokyo finden immer in der Sumo-Halle in Ryōgoku statt, in der sich auch das Sumo-Museum 35 befindet.

Derzeit zählt das professionelle Sumo rund 600 Sportler, vom jungen Athleten in der Ausbildung bis zum Yokozuna, dem Athleten mit dem höchsten Rang. Die Sumo-Rangliste (Banzuke) wird nach jedem großen Turnier neu erstellt und insgesamt 40 Athleten dürfen sich zur höchsten Division (Makuuchi) zählen.

Dem jeweils dominierenden Sportler im Sumo wird vom Sumo-Verband (Nihon Sumo Kyōkai) der Titel Yokozuna verliehen. Um sich hierfür zu qualifizieren, muss man nicht nur zwei aufeinanderfolgende Turniere gewinnen, sondern sich auch als würdig erweisen, den Titel tragen zu dürfen. Seit der Einführung des Yokozuna vor 300 Jahren wurde der Titel bislang 73-mal verliehen.

062to Abb.: ok

› **Geschichte:** Die Ursprünge des Sumo reichen zurück in die Nara-Zeit des 8. Jh. Die ersten Kämpfe wurden zusammen mit Tänzen und Theateraufführungen in Schreinen abgehalten. Sie hatten religiösen Charakter und waren Bestandteil von Shintō-Veranstaltungen. Durch sie sollte eine gute Ernte gewährleistet werden. Das frühe Sumo dürfte schon über Ähnlichkeiten mit der heutigen Form verfügt haben, wenngleich die damalige Form eher als eine Mischung aus Boxen und wildem Ringen verstanden werden muss. Erst einige Jahrhunderte später, als Sumo auch am Kaiserhof salonfähig wurde, entwickelten sich Rituale, Techniken und Regeln.

› **Regeln:** Ein Sumo-Kampf ist gewonnen, wenn der Athlet seinen Gegner aus dem Ring (Dohyō) stößt oder ihn im Ring zu Fall bringt. Dabei muss der Gegner nicht komplett zu Boden fallen oder aus dem Ring geworfen werden – ein Kampf ist bereits dann verloren, wenn ein Athlet den Boden mit den Fingerspitzen berührt oder mit einer Zehe aus der Ringbegrenzung tritt. Faust- und Magenschläge sind verboten, ebenso wie das Ziehen an den Haaren und ähnlich Unehrenhaftes. Es gibt beim Sumo keine Gewichtsbegrenzung. An den 15 Wettkampftagen kämpft jeder Rikishi jeweils einmal pro Tag gegen einen anderen Gegner. Der Rikishi mit dem besten Ergebnis (also maximal 15:0) gewinnt das Turnier. Bei einem gleichen Ver-

🅂 Omiyage- und Snackverkauf in der Sumo-Halle

063to Abb.: ok

hältnis von Siegen und Niederlagen kommt es zu einem Entscheidungskampf.

› **Rikishi:** Die Rikishi sind lediglich mit einem Mawashi bekleidet. Der Mawashi ist ungefähr neun Meter lang, sechsmal gefaltet und wird zwischen vier- und siebenmal um Taille und Hüfte gewickelt. Im Sumo existieren 70 Sieges-Techniken, die meisten von ihnen beginnen mit einem Griff an den Mawashi. Wer also nach dem Tachi-ai (Auftakt) als Erster und am besten seine Hände an den gegnerischen Mawashi bekommt, ist deutlich im Vorteil.

› **Ein Tag beim Sumoturnier:** Je nach Kategorie kostet ein Sitzplatz in Tokyo ab 2500 ¥, einige wenige Stehplätze gibt es auch günstiger, doch steht man dann auch im äußersten Winkel der Halle. Über die Homepage der Nihon-Sumo-Kyōkai (siehe unten) lässt sich ersehen, für welche Kategorien an den jeweiligen Tagen noch Kontingente erhältlich sind. Für das Wochenende und speziell für das Abschlusswochenende sollte man sich sehr frühzeitig um Tickets bemühen. Wer direkt am Ring sitzen will, bezahlt für eine Box ein Vermögen. Tickets kann man sich in jedem Convenience Store besorgen oder am Eingang zur Halle. In den Hallen kann man den Athleten hautnah begegnen, denn manche bereiten sich in den öffentlichen Gängen auf den Kampf vor und jeder muss sich zumindest seinen Weg durch ein Spalier von Besuchern bahnen. Ein Sumo-Wettkampftag startet mit einigen unterklassigen Divisionen gegen 12 Uhr, die Maku-uchi-Division mit den besten Athleten trägt ihre 20 Kämpfe zwischen 16 und 18 Uhr aus. Am frühen Nachmittag ist die Halle meist eher spärlich gefüllt. Das bietet die Gelegenheit – auch wenn man nur ein billiges Ticket für einen entfernten Rang hat – einmal nahe am Ring zu sitzen. Denn meist findet man einen freundlichen Ordner, der einem für ein paar Minuten eine freie Box nahe am Ring anbietet.

› Tickets, Infos und aktuelle Preise: www.sumo.or.jp/en/index

In der U-Bahn-Station Ryōgoku [J6] steht ein Sumo-Ring in Originalgröße

Neben den großen Elektronikgeschäften wie Yodobashi Camera, Bic Camera oder Sofmap finden sich noch immer kleine Geschäfte mit einzelnen Steckern, Schrauben und Platinen, in denen sich erstaunlicherweise auch immer Kunden aufhalten. Insgesamt ist Electric Town ein betriebsamer Ort, zu Stoßzeiten kann es zu großem Gedränge kommen. Vor allem, wenn asiatische Reisegruppen Elektronik in ihre Reisebusse laden.

› Akihabara Station, Ausgang Denki-gai

34 Sumida Hokusai Museum ★ [K6]

すみだ北斎美術館

Das Museum ist **Katsushika Hokusai** gewidmet. Der vermutlich 1760 im jetzigen Sumida-Bezirk geborene **Maler** war und ist einer der bedeutendsten Künstler des Ukiyo-e-Genres. Die Dauerausstellung zeigt ca. 120 Werke mit dem Fokus auf Hokusais Leben in Sumida. Das Highlight des Museums ist ein Gemälde, das den Sumida-Fluss zeigt und seit 1906 nicht mehr in der Öffentlichkeit gezeigt wurde. Wechselnde **Sonderausstellungen** ergänzen das Angebot.

› 2-7-2 Kamezawa, Sumida-ku, JR Ryogoku, 9 Min. zu Fuß, U-Bahn Ryōgoku, 5 Min. zu Fuß, https://hokusai-museum.jp, Di.-So. 9.30-17.30 Uhr, Eintritt (Dauerausstellung): 400 ¥

35 Sumo-Museum ★ [J6]

相撲博物館

Das Sumo-Museum befindet sich in der Sumo-Halle, in der auch die drei Tokyo-Basho (Sumo-Wettkämpfe) jedes Jahr im Januar, Mai und September ausgetragen werden. Das Museum besitzt unter anderem über 3000 historische Holzschnitte, die die **Geschichte des Sumo** in Japan zeigen. Die Ausstellung wechselt sechsmal pro Jahr und thematisiert dabei jeweils unterschiedliche Facetten des Sports. Neben den verschiedenen Ausstellungen bietet das Museum Wissenschaftlern auch die Gelegenheit, hier über Sumo (s. S. 34) zu forschen.

› JR/U-Bahn: Ryōgoku, Tel. 3622-0366, Eintritt frei, Mo.-Fr. 12.30-16.30 Uhr

36 Edo-Tokyo Museum ★★ [J6]

江戸東京博物館

Das Edo-Tokyo Museum ist eine kleine Erlebniswelt für sich. In dem futuristischen Gebäudekomplex wird Geschichte als Übergang gezeigt, vom einstigen Leben im mächtigen Edo über das industrialisierte Tokyo bis hin zur modernen heutigen Metropole. Besonders stolz ist man auf die nachgebaute Nihonbashi-Brücke im Eingangsbereich, nicht weniger eindrucksvoll sind aber auch die zahlreichen kleinen Details zur **Stadtgeschichte.** Ein Kopfhörer-Service auf Englisch sowie Touren mit ehrenamtlichen Führern (auch auf Englisch) machen die Geschichte auch für Touristen greifbar und verständlich.

› JR Ryōgoku, West-Ausgang oder U-Bahn: Ryōgoku, Ausgang A3, www.edo-tokyo-museum.or.jp, Tel. 3626-9974, Di.-So. 9.30-17.30 Uhr (Sa. bis 19.30 Uhr), Eintritt: 600 ¥. Das Museum wird bis **voraussichtlich 2025 komplett geschlossen** sein – während der Schließung wird der Betrieb außerhalb des Museums und an anderen Standorten fortgesetzt. Einzelheiten werden auf der Website bekanntgegeben.

[›] *Roppongi Hills mit dem Fuji im Hintergrund*

Tokyo international: Roppongi und Umgebung

In **Roppongi** ist Tokyo **recht international:** Restaurants, Bars, Musikkneipen und Clubs stehen hier dem internationalen Publikum zur Verfügung. Von 153 Botschaften in Japan haben fast die Hälfte ihren Sitz in Roppongi, darunter auch die Botschaften von Deutschland, Österreich und der Schweiz. Tagsüber mag das Viertel ruhig wirken, abends aber erwachen die Straßen zum Leben. Hier kann es nachts wild und lustig zugehen. Das Viertel kann einem aber auch schnell auf die Nerven gehen, denn als Ausländer wird man oft von anderen Ausländern angesprochen – bevorzugt von solchen, die für eines der Striplokale arbeiten, die sich in Roppongi „Gentlemen's Club" nennen. Daneben bietet Roppongi in den Museen und Galerien aber auch einige der schönsten Ausstellungen in Tokyo.

37 Roppongi Hills ★★ [D10]

六本木ヒルズ

Bei Roppongi Hills handelt es sich um einen Wolkenkratzer, der 238 Meter und 54 Stockwerke hoch ist, und mehr als 200 Geschäfte, Restaurants, Hotels und kulturelle Einrichtungen beherbergt. Investmentbanken haben hier genauso ihre Räumlichkeiten wie Luxusmarken und Kunstgalerien. Hier lässt sich besonders gut die für Tokyo typische Mischung aus **Kultur und Business** erleben: Will die Kunst und Kultur nicht weit in die Vororte abgedrängt werden, müssen Kooperationen mit großen Einrichtungen gesucht werden, die sich im Stadtzentrum befinden und die über einen ohnehin großen Zustrom an Menschen verfügen. Diese Symbiose lässt sich in Roppongi Hills gut erleben.

› U-Bahn: Roppongi, www.roppongi-hills.com, die Öffnungszeiten variieren je nach Geschäft, normalerweise 11–21 Uhr, Restaurants haben gewöhnlich 11–23 Uhr geöffnet

38 Mori Art Museum ★★ [D10]

森美術館

Minoru Mori, der Erbauer von Roppongi Hills 37, zählte mit seinem Firmenimperium einst zu den größten Bauunternehmern des Landes. Das nach ihm benannte Mori Art Museum erstreckt sich über den 52. und 53. Stock des Gebäudes.

In dem Museum steht **zeitgenössische Kunst** im Fokus: Hier werden junge Künstler gefördert, denen hier mitten in Tokyo eine Plattform geboten wird. Das Mori Art Museum ist sehr beeindruckend und in den Ausstellungen wird mit das Beste, was es in Tokyo in Sachen moderner Kunst zu sehen gibt, präsentiert. Die Ausstellungen wechseln bis zu sechs-

034to Abb.: tcvb

mal jährlich. Eine Etage tiefer, im 52. Stock, befinden sich sowohl das **Observatorium Tokyo City View** als auch die Galerie des **Mori Arts Centre**, in der verschiedene Ausstellungen gezeigt werden, insbesondere zu Manga, Animation und Film. Der Eintritt zu diesen Bereichen kostet extra.

› U-Bahn: Roppongi, www.mori.art.museum, Mi.–Mo. 10–22 Uhr, Di. 10–17 Uhr, Tel. 5777-8600, der Eintritt variiert je nach Ausstellung, oft ab 1800 ¥

39 National Art Center Tokyo ★★ [D9]

国立新美術館

Eines der nach wie vor **bedeutendsten Kunstmuseen** ist das National Art Center Tokyo. Es verfügt mit rund 14.000 m über die **größte Ausstellungsfläche in ganz Japan.** Es gibt hier keine Dauerausstellung, dafür jede Menge von Kunstvereinigungen organisierte und wechselnde Ausstellungen: von der zeitgenössischen Malerei über Medienkunst bis hin zur digitalen Kultur. Dafür stehen unter anderem zwölf Hallen sowie ein Auditorium mit 300 Sitzplätzen zur Verfügung. Auch die Architektur des wellenförmigen Gebäudes ist beeindruckend, sowohl von außen als auch von innen: Der Eingangsbereich ist 160 Meter breit und 21 Meter hoch. Das National Art Center ist ein guter Ort, um einen entspannten Tag zwischen Kunst und Snacks zu verbringen, denn im Art Center befinden sich auch ein Restaurant und drei Cafés.

› U-Bahn: Nogizaka Station, Ausgang 6, Mo., Mi., Do. 10–18, Fr., Sa. 10–20 Uhr, Tel. 5777-8600, www.nact.jp, die Eintrittspreise variieren

40 Azabudai Hills Mori JP Tower ★ [F10]

麻布台ヒルズ 森ＪＰタワー

Unweit von Roppongi Hills ist 2023 ein weiteres Werk von Minoru Mori eröffnet worden: das Ensemble **Azabudai Hills** mit drei Wolkenkratzern. Der Hauptturm ist der Mori JP Tower mit rund 330 Metern – der höchste in Japan derzeit und voraus-

sichtlich noch bis 2028, bis ein noch höherer Wolkenkratzer am Tokyoter Bahnhof gebaut werden soll. Neben Hotel-, Büro- und Wohnflächen – die teuerste Wohnung kostete übrigens 20 Milliarden Yen – gibt es hier zahlreiche Einkaufsmöglichkeiten und Restaurants auf höchstem Niveau.

Das Projekt begann 1989, das 64.000 m² große Grundstück war vormals dicht mit Holzhäusern bebaut. Nach Verhandlungen mit rund 300 Grundbesitzern wurde 2019, also 30 Jahre später, der Baubeginn beschlossen. Heute sind die Entwickler sehr stolz auf ihr Projekt und verkünden: „So gestaltet Tokyo seine Stadt". Im 33. Stockwerk befindet sich eine kostenlose **Besichtigungslobby** mit Blick auf den Tokyo Tower 42 (Mo.–Fr. 10–21, Sa., So. 9–21 Uhr). Das **Digital Museum TeamLab Borderless**, einst in Odaiba gelegen, hat hier ein neues Zuhause gefunden und ist der neue Hotspot in Roppongi.

› U: Roppongi-Icchome, www.azabudai-hills.com
› **MORI Building DIGITAL ART MUSEUM**, Azabudai Hills Garden Plaza B B1, 1-2-4 Azabudai, Minato-ku, U: Kamiyacho direkt, www.teamlab.art/jp/e/borderless-azabudai, 10–21 Uhr (letzter Einlass 20 Uhr), 1. und 3. Di. im Monat geschlossen. Eintrittskarten am besten im Voraus auf der Website bestellen – die Tageskarten an der Kasse könnten ausverkauft sein. Ticketpreise variieren, ab 3800 ¥.

MEIN TIPP

Kurze Roppongi-Tour

Diese Tour führt Sie durch das alte und das neue Roppongi. Von der U-Bahn-Station Shibakoen [F10] sind es 10 Minuten zu Fuß zum Zōjōji-Tempel 43 und weitere 5 Minuten zum Tokyo Tower 42. An der Iikura-Kreuzung rechts geht es in weiteren 10 Minuten zur Sakuraasa-dori, die zu den Azabudai Hills 40 führt. Über die von moderner Architektur gesäumte Hauptstraße gelangt man in 15 Minuten zur Gaien-Higashi-dori [E10]. Dieser folgend ist man in 15 Minuten in den Roppongi Hills 37. Insgesamt dauert es etwa eine Stunde, vorausgesetzt, man verläuft sich nicht und betrachtet die einzelnen Sehenswürdigkeiten nur von außen.

41 Hie-Schrein ★ [E8]

日枝神社

Der Hie-Schrein (jap. Hie-Jinja) kann auf eine lange Geschichte zurückblicken. Er wurde im Jahr 1478 zu Ehren des Berges Hie (in der Präfektur Shiga, nordöstlich von Kyoto) errichtet. Zu jener Zeit wurden vielerorts in Japan Ableger des Hie-Schreins gebaut. 1657 wurde der Schrein genau wie weitere Teile Edos von einem Feuer zerstört (s. S. 90), sodass er 1659 an seinem heutigen Ort wieder errichtet wurde. Die gegenwärtigen Gebäude des Schreins stammen aus dem Jahr 1958. 1945 waren ihre Vorgänger bei den Bombardierungen Tokyos zerstört worden.

Besonders beeindruckend ist der **Weg zum Schrein** – dieser führt durch jede Menge **orangefarbene** *torii:* Diese Schrein-Tore stehen so eng aneinander, dass sie einen Tunnel bilden. Im Hie-Jinja findet zudem mit dem Sanja Matsuri immer am 15. Juni eines der großen Matsuri (Festivals, s. S. 85) in Tokyo statt.

› U-Bahn: Akasaka-mitsuke, Tel. 3581-2471, www.hiejinja.net, Eintritt frei

Lohnt einen Besuch: das National Art Center Tokyo 39

42 Tokyo Tower ★★ [F10]

東京タワー

Der Tokyo Tower ist schon ein wenig in die Jahre gekommen – in Tokyo spricht man lieber über den Skytree 20, der höher und neuer ist. Dennoch: Der Tower ist immer wieder ein schöner Anblick, v. a. abends. Wenn man auf der Roppongi-Kreuzung steht und der beleuchtete Fernsehturm plötzlich hinter den Häuserschluchten auftaucht, hat das etwas Besonderes. Das Wahrzeichen Tokyos wurde 1958 erbaut und misst **333 m.** Tokyo hat Aussichtsplattformen, die höher oder günstiger sind, aber in Sachen **Nostalgie** ist der ratternde Aufzug im Tokyo Tower kaum zu schlagen. Mit dem ersten Aufzug geht es auf das „Main Deck" in 150 m Höhe. Wem das nicht genug ist, der kann zur „Top Deck Tour" in 250 m Höhe aufbrechen (inkl. Spiegelwänden und LED-Show).

› U-Bahn: Akabanebashi, Ausgang Akabanebashi, Tel. 3433-5111, www.tokyotower.co.jp, tägl. 9–22.30 Uhr, Eintritt: 1200 ¥ („Top Deck Tour" 3000 ¥)

036to Abb.: ok

43 Zōjōji-Tempel ★★ [F10]

増上寺

Vor dem Tokyo Tower 42 steht der Zōjōji-Tempel, der Familientempel Ieyasu Tokugawas und Haupttempel der weitverbreiteten buddhistischen Jōdo-Schule. Die **große Tempelhalle** und die **unzähligen kleinen Buddha-Figuren (Jizō)** sind besonders sehenswert. Der Tempel wurde 1393 gegründet, wechselte zwischendurch den Standort und wurde oft zerstört und wieder aufgebaut – die meisten Gebäude, die man heute bestaunen kann, stammen aus dem Jahr 1974. Das gewaltige Eingangstor Sanmon wurde bereits 1622 errichtet. Auf dem Gelände hinter dem Haupttempel finden sich Grabanlagen mit den Urnen von sechs Tokugawa-Shōgunen (s. S. 90).

› U-Bahn: Akabanebashi, Ausgang Akabanebashi, geöffnet von Sonnenauf- bis Sonnenuntergang, Eintritt frei

Verhalten in Tempelanlagen

Tempelanlagen sind in der Regel frei zugänglich, wenngleich einige Gebäude den Mönchen vorbehalten oder nur an speziellen Tagen für Touristen geöffnet sind. Um in die inneren Tempelstätten vorzudringen, muss man oft eine kleine Eintrittsgebühr bezahlen.

Das Tempeltor markiert den Eingang. Man überschreitet eine **Holzschwelle,** auf die man nicht treten sollte. Oft findet man vor den Heiligtümern eine Wasserstätte, an der man sich reinigt, indem man mit der ausliegenden Kelle Wasser über die Hände laufen lässt.

In den Tempelanlagen sollte man auf den **Steinwegen** laufen und weniger auf dem geharkten Kies, man sollte auch nicht auf das **Moos** treten.

Entdeckungen außerhalb

44 Fuji-Hakone-Izu-Nationalpark ★★

富士箱根伊豆国立公園

Der Fuji-Hakone-Izu-Nationalpark ist eine der beliebtesten Touristenregionen für Japaner – und dementsprechend immer gut frequentiert. Der Fuji-Hakone-Izu-Nationalpark liegt 80 Kilometer westlich von Tokyo in der Präfektur Kanagawa. Er ist gewissermaßen das **Naherholungsgebiet der Hauptstadt** und bietet ein Naturerlebnis der besonderen Art mit **Fuji-Aussicht.** An einem Tag mit klarer Sicht kann der Ausflug in den Nationalpark eine gute Erholung von der Hektik der Hauptstadt sein.

Im Nationalpark warten aktive Vulkane, Seen und Wanderwege – und natürlich der japanischste aller Berge, der Fuji. Der Fuji ist mit seinen 3776 Metern Höhe das Wahrzeichen Japans und thront majestätisch weithin sichtbar über dem gesamten Nationalpark. Seit 2013 zählt der Fuji zudem zum UNESCO-Weltkulturerbe.

In der gesamten Region kann man auch heute noch Vulkanismus hautnah erleben: Es brodelt vielerorts, dementsprechend gilt Hakone auch als die Region schlechthin für **Onsen** („heißes Wasser"). Die Mehrzahl der Besucher kommt für einen kleinen Onsen-Badeaufenthalt in diese Region.

› Anreise: Mit JR-Zügen ab Tokyo Station bis Odawara, oder mit Odakyū-Zügen von Shinjuku Station nach Odawara. Preise zwischen 1500 ¥ und 3500 ¥ für die einfache Fahrt, Fahrtdauer zwischen 40 und 90 Minuten (immer abhängig von

Tempelleben in Tokyo: eine Szene im Zōjōji-Tempel

Majestätisch thront das UNESCO-Welterbe über der Landschaft

der Art des Zuges, eine vorherige Reservierung wird empfohlen). Von Odawara dann weiter mit der Bahn (Hakone Tozan Railway) oder dem Bus, zum Beispiel zum Ashino-ko-See, nach Ōwakudani oder Yumoto-Onsen.

Fuji-Aufstieg

Der **Aufstieg** auf den Fuji ist offiziell **von Anfang Juli bis Ende August gestattet.** Dementsprechend groß ist der Andrang in jener Zeit. Erfahrene Bergsteiger können sich auch im Frühjahr oder Herbst am Berg versuchen. Dabei sollte jedoch bedacht werden, dass jedes Jahr Touristen am Berg sterben, die den Fuji außerhalb der offiziellen Saison besteigen wollen. Die Erste-Hilfe-Zentren und die Unterkünfte sind nur im Juli und August geöffnet, sodass man zu anderen Jahreszeiten gänzlich auf sich alleine gestellt ist. Außer im Hochsommer liegt auf dem Fuji immer Schnee und die Wetterverhältnisse ändern sich schnell. Außerhalb der Sommersaison ist eine Tour garantiert nichts für ungeübte Bergsteiger, trotz aller Verbote und Warnhinweise wird dies leider immer wieder vergessen.

Es gibt **verschiedene Routen**, die auf den Fuji führen. Für die meisten beginnt das eigentliche Abenteuer ab den sogenannten „fünften Stationen" (der Fuji ist in insgesamt neun Sektionen unterteilt), denn bis zur jeweils fünften Station kann man mit dem Bus oder dem Auto fahren. Danach geht es nur noch zu Fuß weiter. Eine beliebte Variante sieht vor, am Nachmittag von einer fünften Station bis zu einer Hütte nahe dem Gipfel aufzusteigen, dort zu übernachten, und noch vor Sonnenaufgang den restlichen Weg zurückzulegen, um den Sonnenaufgang auf dem Gipfel zu erleben.

Der traditionelle lange Aufstieg über den **Kawaguchi-ko-Yoshida-guchi-Weg** beginnt in Fuji-Yoshida ab dem Sengen-Jinja-Schrein, der 788 zu Ehren des heiligen Mount Fuji erbaut wurde. Doch der lange traditionelle Aufstieg wird kaum noch durchgeführt. Die meisten nehmen den Bus bis zur fünften Station auf 2305 Metern Höhe, für den Aufstieg von hier sollte man ungefähr sechs Stunden einkalkulieren, für den Abstieg rund drei. Auf der sechsten Station ist ein Hilfs- und Beratungszentrum eingerichtet worden, das im Juli und August geöffnet ist. Auf der siebten Station gibt es eine Erste-Hilfe-Versorgungsstation.

In der Hauptsaison dürfte man kaum Probleme haben, den richtigen Weg zu finden: In der Regel reiht man sich einfach in die Menschenmenge ein und folgt seinem Vordermann. Unterwegs gibt es rund 20 Berghütten, für die aber unbedingt eine Reservierung nötig ist. Dass der Aufstieg nachts mit größeren Risiken und Schwierigkeiten verbunden ist, versteht sich von selbst. Auch im Sommer liegt die **Temperatur** auf dem Gipfel am Tag kaum über 4 Grad.

Gotemba ist die südliche Ausgangsbasis für den Aufstieg über den **Gotemba-guchi-Weg.** Hier ist die Anfahrt bis zur „New 5th Station" möglich. Dieser Weg dauert länger, für den Aufstieg sollte man sieben Stunden einplanen, für den Abstieg drei. Busse verkehren im Juli und August ab Gotemba Station viermal täglich.

Mit dem **Fujinomiya-guchi-Weg** und der „New 5th Station" dauert der Aufstieg zum Gipfel rund fünf Stunden, der Abstieg drei. Rund zehn Berghütten sind unterwegs anzutreffen, ein Erste-Hilfe-Zentrum auf der achten Station ist im Sommer geöffnet.

45 Nikkō ★★★

日光

Ein beliebtes Tagesausflugsziel der japanischen Hauptstädter ist Nikkō, zwei Zugstunden von Tokyo entfernt. Nikkō bietet Natur und Berge sowie Schreine und Tempel gleichermaßen. Während der Fuji-Hakone-Izu-Nationalpark 44 mitunter ein bisschen weitläufig und unübersichtlich sein kann, verbinden sich in Nikkō Natur und Kultur auf engstem Raum – perfekt für den gestressten Großstadturlauber, um wieder ein bisschen zu entspannen.

038to Abb.: ©SeanPavonePhoto, stock.adobe.com

Beliebtes Tagesausflugsziel: Natur und Berge in Nikkō

MEIN TIPP

Yuba-Essen in Nikkō

In Nikkō 45 ist man stolz auf Yuba: Jedes Restaurant, jede Unterkunft und jeder Souvenirladen bietet irgendetwas mit Yuba an. Aber was ist Yuba? Beim Anblick kann man eigentlich keine Vorstellung haben, aus was es einmal produziert wurde.

Yuba basiert auf Soja. Soja-Milch wird erhitzt, bis sich eine kleine Haut darauf bildet. Diese Haut ist Nama-Yuba, also „reines Yuba". Hoshi-Yuba dagegen nennt man die getrocknete Sojamilchhaut, für beide Varianten existieren zahlreiche Rezepte. Nikkō-Yuba hat eine lange Tradition: Viele Pilger kamen für ihre buddhistischen Übungen in die Gegend des Rinnōji-Tempels, der in unmittelbarer Nähe zum Tōshōgū-Schrein liegt. Zur asketischen Lebensweise zählte vegetarisches Essen, für das Yuba die nötigen Proteine lieferte. Bei ihren Wanderungen griffen die Mönche auf die getrocknete Variante zurück.

Aufgrund der Verknüpfung mit der buddhistischen Lebensweise war Yuba nicht nur seit Langem in Nikkō bekannt, sondern auch in Kyoto. In Nikkō ist man jedoch davon überzeugt, dass Yuba zuerst hier verwendet wurde. Unabhängig davon: Yuba ist gesund, nahrhaft und schmeckt auch noch gut. Es hat seinen Platz im ernährungsbewussten Japan längst gefunden.

Probieren kann man Yuba zum Beispiel im Ebisuya (an der Bushaltestelle Nikkō-Kyōdo-Center-mae), das als Pionier der Yuba-Küche in Nikkō gilt. Hier gibt es Menüs mit verschiedenen Arten von Yuba – ein tiefes Eintauchen in die Yuba-Welt ist hier möglich!

17 Ebisuya ¥¥, 955 Shimohatsuishima-chi, Nikkō, Bushaltestelle: Nikkō-Kyōdo-Center-mae, Tel. 0288-54-0113, geöffnet: tägl. 11.30–14.30 Uhr (gelegentlich Di. geschlossen), www.nikko-ebisuya.com

Hauptattraktion in Nikkō ist der **Tōshōgū-Schrein**, der als Mausoleum für Ieyasu Tokugawa, den ersten Shōgun, errichtet wurde. Die 1636 fertiggestellte Schreinanlage beeindruckt mit ihren riesigen Ausmaßen. Es ist zweifelsohne die **gewaltigste und prachtvollste Anlage** ihrer Art in Japan. Insgesamt zählen 36 Bauten zum Tōshōgū-Schrein.

Das prächtige Yomeimon-Tor führt zum Tōshōgū-Schrein

Einst mussten alle Daimyōs (Herrscher zur Feudalzeit) ihren Beitrag zu den Bauarbeiten leisten und Zigtausende Arbeiter dafür abstellen. Das Holz von rund 140.000 Bäumen wurde für den Bau benötigt, weitere **200.000 japanische Zedern** wurden gepflanzt, von denen die 13.000 bis heute erhaltenen prächtige Alleen bilden. Das allein schon zeigt die Dimensionen des Bauvorhabens, das unter dem dritten Shōgun Iemitsu abgeschlossen wurde. Die Architektur der Anlage besticht durch die Fülle an Verzierungen und Dekorationen, die im Kontrast zur Einfachheit buddhistischer Kunst stehen. Die Schnitzereien umfassen mythische Fabelwesen, zum **Wahrzeichen** der Anlage sind die **drei Affen** geworden, die „nichts Böses sehen", „nichts Böses sprechen" und „nichts Böses hören".

› Anreise: Am einfachsten ist die Anreise von Asakusa Station mit der Tōbu-Nikkō-Linie. Fahrtkosten zwischen 1300 und 2700 ¥ für eine einfache Fahrt, Fahrtzeit zwischen 90 und 120 Minuten (immer abhängig von der Art des Zuges, eine vorherige Reservierung ist empfohlen).

MEIN TIPP

Kunstgewerbe in Nikkō

Nikkōs Kunstgewerbe bietet vor allem Schnitzereien und kunstvoll verzierte Holzgegenstände, Nikkō-bori und Nikkō-geta genannt. Eine **Ausstellung** zu diesen Gegenständen befindet sich in der **Touristeninformation.**

Nikkō-bori entstanden ursprünglich als Nebenprodukt von Schreinern, die am Bau des Tōshōgū-Schreins (s. S. 44) beteiligt waren und sich ein zusätzliches Einkommen (vor allem für Tabak) verdienen wollten. Für die Schnitzereien kam die *hakkaki* zum Einsatz, eine Mischung aus Schnitzmesser und geschwungenem Stichel. Die hergestellten Gegenstände reichen von Tabletts bis hin zu Teetischen.

Die Muster für die Schnitzereien sind ursprünglich Vorbildern aus der Pflanzenwelt entlehnt: Florale Elemente vor allem von Chrysanthemen, Pfingstrosen und Kirschblüten standen hier Pate. Zu den verwendeten Hölzern zählen die Kastanie sowie die Hölzer vom Katsura- und vom Hou-Baum.

ⓘ18 **Nikkōkyodo Center,** 591 Gokō-machi, Nikkō, Tel. 0288-54-2496, geöffnet: tägl. 9–17 Uhr. JR/Tobu: Nikkō, dann noch 10 Minuten Fußweg

071to Abb.: picture cells, stock.adobe.com

014to Abb.: tcvb

Tokyo für Kunst- und Museumsfreunde

Tokyos Kunst- und Museumsszene ist äußerst vielfältig. **Mehr als 100 Museen** locken mit verschiedensten Ausstellungen: Egal ob Geschichte, Technik, Kunst, Wissenschaft oder Anime, man hat immer zahlreiche Museen zur Auswahl.

In den staatlichen Museen findet man zum einen die **größten und wichtigsten Kulturschätze des Landes.** Zum anderen beheimaten sie aber auch Top-Sammlungen mit internationalen Ausnahmekünstlern wie etwa Van Gogh, Gauguin oder Picasso.

Neben den staatlichen existieren auch zahlreiche private Museen. Diese können mal im 54. Stock eines Wolkenkratzers zu Hause sein oder sich auch ganz unscheinbar im nichttouristischen Wohngebiet verstecken.

Museen

36 [J6] **Edo-Tokyo Museum:** Hier wird der Übergang der Stadt vom historischen Edo zum heutigen Tokyo gezeigt (s. S. 36).

M 19 **Ghibli Museum,** 1-1-83 Simorenjaku, Mitaka-shi, Tokyo, Mitake Station, Süd-Ausgang, www.ghibli-museum.jp/en, geöffnet: Mi.–Mo. 10–18 Uhr, Eintritt: 1000 ¥. Das Ghibli Museum in Mitaka gehört zu Ghibli, der bekannten und erfolgreichen Anime-Produktionsfirma, die Hayao Miyazaki 1985 gründete. Der Anime-Meister hat mit den Ghibli-Studios internationale Erfolge produziert, u. a. „Chihiros Reise ins Zauberland" (Oscarpreisträger im Jahr 2003). Das Museum zeigt viele Figuren seiner Filme und ist auch für Kinder

Vorseite: Tokyo kann man gut mit dem Wasserbus (s. S. 24) entdecken

Das Edo-Tokyo Museum 36

ein wahres Paradies. Für die Besichtigung des Museums ist eine vorherige Ticket-Reservierung über die Website erforderlich.

20 Japan Folk Crafts Museum (Nihon Mingeikan), 4-3-33 Komaba, Meguro-ku, Keio-Inokashira-Linie, Komaba Todai-Mae Station, 7 Minuten Fußweg, Tel. 3467-4527, www.mingeikan.or.jp, geöffnet: Di.-So. 10-17 Uhr, Eintritt: 1200 ¥. Ein ganz besonderes Museum von Sōetsu Yanagi, der die „Mingei"-Bewegung in Japans 1920er- und 1930er-Jahren begründete. Mingei widmet sich der Schönheit des Kunsthandwerks. Yanagi begann mit seinen Kollegen im frühen 20. Jahrhundert, besondere Kunsthandwerksstücke von unbekannten Handwerkern zu sammeln. Das Museum selbst ist nach Mingei-Art gebaut. Ein Highlight für die Liebhaber dieser Stilrichtung.

23 [H14] **Miraikan-Technikmuseum:** Das Museum präsentiert die jüngsten Innovationen Japans und ist voll von Zukunftstechnologie (s. S. 27).

3 [G6] **MoMAT:** Hier werden 100 Jahre japanische Kunst präsentiert (s. S. 13).

38 [D10] **Mori Art Museum:** Imposantes Museum zur zeitgenössischen Kunst im 53. und 54. Stock von Roppongi Hills 37 (s. S. 37).

21 Museum of Contemporary Art Tokyo, 4-1-1 Miyoshi, Koto-ku, U-Bahn: Kiyosumi-Shirakawa, 15 Min. Fußweg, www.mot-art-museum.jp, Eintritt variiert je nach Ausstellung. Das zeitgenössische Museum zeigt Highlights der über 5000 Werke umfassenden Sammlung.

39 [D9] **National Art Center Tokyo:** Das nationale Kunstzentrum Tokyos. Hier erwartet den Besucher nicht nur moderne Architektur, sondern auch interessante Kunst (s. S. 38).

22 [I4] **National Museum of Nature and Science,** 7-20 Uenokoen, Taitō-ku, JR Ueno, 5 Minuten Fußweg, Tel. 5777-8600, www.kahaku.go.jp, Di.-So. 9-17 Uhr, Eintritt: 630 ¥. Das Museum zählt zu den weltweit führenden Instituten zur Erforschung von Naturgeschichte und der Geschichte von Wissenschaft und Technik. Die Sammlungen des Museums umfassen mehr als 3,5 Millionen Einzelstücke.

14 [H4] **National Museum of Western Art:** Das Museum widmet sich der westlichen Malerei vom späten Mittelalter bis zum frühen 20. Jahrhundert (s. S. 21).

15 [H3] **Nationalmuseum Tokyo:** das bedeutendste Museum zur Kulturgeschichte Japans (s. S. 22).

8 [C9] **Nezu-Museum:** Das Museum ist der perfekte Ort für die Liebhaber antiker asiatischer Kunst (s. S. 17).

23 [B9] **Ota Memorial Museum of Art,** 1-10-10 Jingūmae, Shibuya, JR Harajuku, 5 Minuten Fußweg, Tel. 3403-0880, www.ukiyoe-ota-muse.jp, geöffnet: Di.-So. 10.30-17.30 Uhr, der Eintritt variiert je nach Ausstellung. Die Privatsammlung von Seizo Ota, dessen Liebe der Ukiyo-e-Kunst in der Edo-Zeit galt. Die Ausstellung zeigt repräsentative Werke aus allen Perioden und Genres der Ukiyo-e-Kunst.

24 [J6] **Schwertmuseum,** 1-12-9 Yokoami Sumida-ku, JR Ryogoku, Westausgang 7 Min. oder 3 Min. von U Ryogoku Ausgang A1, Tel. 6284-1000, www.touken.or.jp, Di.-So. 9.30-17 Uhr, Eintritt: 1000 ¥. Das Museum ist ein Traum für alle Fans von Samurai-Schwertern. Die laufend wechselnden Ausstellungen zeigen zahlreiche historische Schwerter – darunter auch von den Amerikanern konfiszierte Exemplare, die nach dem Zweiten Weltkrieg an die japanische Regierung zurückgegeben wurden. Es gibt auch Informationen zur Fertigung und Pflege der wertvollen Klingen. Gute englischsprachige Broschüren sind vorhanden.

34 [K6] **Sumida Hokusai Museum:** großartige Werke vom Meister des Holzschnitts (s. S. 36).

35 [J6] **Sumo-Museum:** ein der traditionellen japanischen Kampfkunst gewidmetes Museum (s. S. 36)

› **Suntory Museum of Art,** im 3. OG des schicken Tokyo Midtown (s. S. 73), www.suntory.com/sma, Mi.–Mo. 10–18 Uhr, Eintritt variiert je nach Ausstellung. Das Kunstmuseum wurde von der Gründerfamilie der Getränkemarke Suntory (u. a. Whisky) errichtet. Das elegante Museum wurde vom japanischen Stararchitekten Kengo Kuma entworfen. Donnerstags gibt es gelegentlich Tee-Zeremonien. Zusammen mit dem Mori Art Museum 38 und dem National Art Center Tokyo 39 bildet das Museum das sogenannte Roppongi-Kunst-Dreieck.

Mein Tipp

Eintritt frei

Einige Museen in Tokyo – darunter einige sehenswerte – können ohne Eintrittsgebühr besichtigt werden. Zu den sehenswerten Museen zählen:

M27 [G9] **ADMT Advertising Museum Tokyo,** Caretta Shiodome B1F-B2F, 1-8-2 Higashi-Shinbashi, Minato-ku, U-Bahn: Shiodome Station, www.admt.jp/en, geöffnet: Di.–Sa. 11–18 Uhr. Japans erstes Museum für Werbung: Vom Holzschnitt aus dem 17. Jahrhundert bis hin zu aktuellen TV- und Internetwerbeformen wird hier alles gezeigt.

M28 [G8] **Intermediathek,** KITTE 2-7-2 Marunouchi, Chiyoda, www.intermediatheque.jp, geöffnet: Di.–Do. 11–18, Sa., So. 11–20 Uhr. Das Museum befindet sich im 2. Stockwerk des KITTE Marunouchi, gleich vor dem Bahnhof Tokyo. Es stellt Forschungsmaterialien der Universität Tokyo aus, darunter biologische Skelettproben, Mineralien und Artefakte aus historischen Ausgrabungen. Besichtigung kostenlos.

M29 [J13] **Panasonic Center Tokyo,** Kokusai-Tenjijo Station, Yurikamome-Linie, Tel. 3599-2600, https://holdings.panasonic/jp/corporate/center-tokyo.html, geöffnet: Di.–So. 10–18 Uhr. Hier erlebt man moderne 3D-Welten und abgefahrene Mitmach-Technik.

M25 [H4] **Tokyo Metropolitan Art Museum,** U-Bahn: Bahnhof Ueno, www.tobikan.jp, tägl. 9.30–17.30 Uhr (1. und 3. Mo. des Monats geschlossen), Eintritt variiert je nach Ausstellung. Das Kunstmuseum der Präfektur Tokyo befindet sich im Ueno Kōen. Hier gibt es keine Dauerausstellungen, dafür aber oft sehr beliebte Sonderausstellungen (in der Vergangenheit z. B. mit Munch- oder Klimt-Retrospektiven).

M26 [D5] **Yayoi Kusama Museum,** 107 Benten-chō Shunjuku-ku, von U-Bahn Waseda (Ausgang 1) 7 Min. zu Fuß, https://yayoikusamamuseum.jp, Do.–So. 11–17.30 Uhr, Eintritt: 1100 ¥. Das Ticket muss im Voraus gebucht werden und gilt nur für ein festgelegtes 90-Min.-Zeitfenster. Das Museum im Zentrum eines Wohnviertels in Shinjuku wurde von der Avantgarde-Künstlerin Yayoi Kusama selbst gegründet, um ihre Kunst zu präsentieren. Das weiße Museumsgebäude mit seinen großen Glasfronten zelebriert ihre Werke auf insgesamt fünf Etagen.

Kunstgalerien

Kunst und Geld sind in Tokyo schon lange eine enge Verbindung eingegangen. Dementsprechend sind in den oft **exklusiven und extrem stylishen Galerien** viele international bekannte Künstler vertreten. Der Eintritt ist in der Regel frei.

30 [C8] **Nanzuka,** 3-30-10, Jingumae Shibuya, https://nanzuka.com. Mi.-Sa. 11-16 Uhr. Die Nanzuka-Galerie wurde 2005 in Shibuya mit dem Ziel gegründet, Popkultur und zeitgenössische Kunst zu verbinden. Japanische Künstler der Nachkriegszeit, die entweder ignoriert oder vergessen wurden, sollten wiederentdeckt werden, wie beispielsweise Sorayama, dessen Werke oft weibliche Roboter in sog. super-surrealem und/oder erotischem Stil darstellen. Die Galerie unterstützt auch aufstrebende japanische Künstler, indem sie ihnen ein Sprungbrett in die internationale Kunstszene bietet.

31 [H3] **SCAI The Bathhouse,** Kashiwayu-Ato, 6-1-23 Yanaka, Taitō-ku, Tokyo, Nippori Station, Süd-Ausgang, 5 Minuten Fußweg, Tel. 3821-1144, www.scaithebathhouse.com/en, geöffnet: Di.-Sa. 12-18 Uhr. Sehr renommierte Galerie im umgebauten, 200 Jahre alten Badehaus. Im Rahmen von stilvollen Präsentationen werden Werke von japanischen Künstlern wie z. B. Tadanori Yokoo, Tatsuo Miyajima und Yusuke Komuta ausgestellt.

32 [G9] **Shiseido Gallery,** Shiseido Bldg. B1F, 8-8-3 Ginza, Chuo-ku, Tel. 3572-3901, https://gallery.shiseido.com/en, Di.-Sa. 11-19, So. 11-18 Uhr. Die Galerie für experimentelle Kunst wurde im Jahr 1919 von Shinzo Fukuhara eingerichtet, dem Gründer des Unternehmens Shiseido, der bekannten japanischen Kosmetikmarke.

33 [E9] **Wako Works of Art,** Piramide Bldg. 3F, 6-6-9 Roppongi, Minato-ku, Tokyo 106-0032, Tel. 6447-1820, www.wako-art.jp/en, geöffnet: Di.-Sa. 11-18 Uhr. Erstklassige Konzept-Galerie für zeitgenössische Kunst, die im Lauf ihres über 30-jährigen Bestehens schon Werke von Gerhard Richter, Wolfgang Tillmans oder auch Shizuka Yokomizo präsentierte.

Tokyo für Genießer

Essen

In Tokyo gibt es mehr Restaurants, die mit einem **Michelin-Stern** ausgezeichnet wurden, als in Paris und rund zehnmal so viele wie zum Beispiel in Berlin. Das allein vermittelt einen kleinen Eindruck davon, wie gut man in Tokyo essen kann – und welchen Stellenwert Essen in Japan insgesamt hat. Um die verschiedenen kulinarischen Köstlichkeiten der Stadt zu erleben, muss man aber nicht unbedingt in die Gourmettempel der Metropole pilgern – Tokyo ist nicht gerade günstig, bietet aber dennoch auch für das kleinere Budget jede Menge köstliche Überraschungen.

Insgesamt zählt Tokyo laut Statistiken über 100.000 **Restaurants** – das ist gewaltig. In keiner anderen Stadt weltweit gibt es so viele Restaurants. Zum Vergleich: In New York schätzt man die Anzahl der Restaurants gerade mal auf 27.000.

Die japanische Küche

Die japanische Küche wird von Reis, Gemüse, Tōfu und der Nähe zum Meer bestimmt. Bei den Zutaten kommt es vor allem auf **Frische und saisonale Auswahl** an, was sich auf den Wochen- und in den Supermärkten in Form einer überraschend großen Auswahl niederschlägt.

Die japanische Küche hat es in den vergangenen Jahrhunderten geschafft, fremde internationale Einflüsse zu adaptieren, den eigenen Traditionen hinzuzufügen und daraus wieder etwas Eigenständiges zu schaffen. In Tokyo trifft man alle Varianten davon an.

008to Abb.: tcvb

Sushi

Sushi ist jedem ein Begriff – und doch ist Sushi nicht gleich Sushi. Hier kommt es vor allem auf die **Qualität** an. Im traditionellen Tokyoter Sushi-Restaurant nimmt man am Tresen Platz und kann dem Koch beim Zubereiten der kleinen Häppchen über die Schulter blicken. Das Sushi erhält man dann zusammen mit süß-saurem und eingelegtem Ingwer und grünem Tee serviert. Dafür muss man allerdings auch mindestens 5000 ¥ pro Person einplanen.

Billiger wird es beim **Kaiten-Sushi** („Sushi-Karussell") – hier laufen die Sushi-Häppchen paarweise auf dem Förderband und man bedient sich je nach Wunsch an den kleinen Tellern. Der Preis ist meist deutlich niedriger, die Qualität meist aber auch. Folgende Sushi-Varianten gibt es:

Bei **Nigiri-Sushi** wird der Sushi-Reis zu Häppchen geformt, mit Wasabi bestrichen und mit rohem Fisch, Meeresfrüchten oder Ei belegt. Die Sushi-Stücke dippt man vor dem Verzehr mit der Fischseite nach unten in die bereitgestellte Soja-Sauce, hierzu kann man Stäbchen oder die Finger verwenden.

Bei **Maki-Sushi** sind Reis und Zutaten zu Röllchen geformt und mit Nori (Algenblätter) umgeben. Dazu wird das Nori-Blatt zuerst ausgebreitet. Anschließend wird eine Schicht Reis

MEIN TIPP

Japanisch-Kochkurs

Zwei oder drei Stunden reichen natürlich nicht aus, um viele Facetten der japanischen Kochkunst kennenzulernen – aber es reicht für ein paar interessante Einblicke. Tsukiji Cooking bietet im Kochstudio im Tsukiji Outer Market 6 mehrere Kochkurse an, darunter die Tsukiji Outer Market Tour & Cooking Class, bei der die Teilnehmer zunächst auf den Markt gehen, um die Zutaten zu besorgen und anschließend damit kochen.

› **Tsukiji Cooking**, 4-13-8 Tsukiji, https://tsukiji-cooking.com

Kulinarisches Tokyo: Mehr als 100.000 Restaurants warten in der japanischen Hauptstadt auf Gäste

darauf gebettet und das Ganze wird dann mit Fisch und Meeresfrüchten belegt. Abschließend wird die Rolle in kleine Stücke geteilt.

Temaki-Sushi entspricht Maki-Sushi, mit dem Unterschied, dass die fertigen Happen nicht rund, sondern zylindrisch als Trichter geformt sind.

Sashimi

Sashimi bezeichnet die Zubereitung von rohem Fisch und Meeresfrüchten. Im Gegensatz zu Sushi wird Sashimi **ohne Reis** serviert. Es gilt als Luxus, den Fisch zuerst intensiv und pur zu genießen und sich den Geschmack nicht auf einem Reisbett verfälschen zu lassen. Erst danach ordert der Experte Sushi.

Shabu-Shabu

Shabu-Shabu ist die japanische Form des **Fondues** mit Fleisch und Gemüse. Man verwendet in dünne Scheiben geschnittenes Rindfleisch, seltener auch Schweinefleisch oder Fisch. Dieses wird zusammen mit Gemüse in einer speziellen Brühe gegart. In manchen Restaurants ist die Fondue-Stelle in den Tisch integriert, sodass man die Zutaten selbst nach Belieben in der köchelnden Brühe garen kann: Zu den langsamen Handbewegungen sagt der Japaner dann gerne „Shabu, shabu".

Rāmen

Rāmen ist eine spezielle Art der japanischen **Nudelsuppe**. Es gibt sie in unzähligen Varianten, mit einer Scheibe Schweinefleisch, Frühlingszwiebeln, **Miso** (einer würzigen Paste hauptsächlich aus Soja), mit oder ohne Knoblauch etc. Die dünnen Nudeln werden in einer Schüssel mit reichlich Brühe serviert, die je nach Art auf Rinder-, Schweine- oder Gemüsebasis hergestellt wurde. Rāmen ist relativ billig und die Restaurants haben bis spät in die Nacht geöffnet, da die Suppe auch ein beliebter Snack nach einem Barbesuch ist. Dazu bestellt man gerne Gyōza (japanische Teigtaschen), Bier oder einfachen Reis. Eine Liste mit empfehlenswerten Rāmen-Lokalen findet sich ab S. 58.

KURZ & KNAPP

Fugu

Fugu ist der japanische Ausdruck für Kugelfisch, eine Delikatesse und gleichzeitig ein hochgiftiger Fisch, dessen Tetrodotoxin eines der stärksten Nervengifte der Welt ist. Das Gift ist vor allem in der Leber und in den Eingeweiden des Fisches zu finden. Laut Statistiken sterben jedes Jahr ca. sechs Personen an einer Fugu-Vergiftung: die allermeisten davon bei der Zubereitung des Gerichts zu Hause. Nur Köche mit Speziallizenz dürfen den Fisch verarbeiten – oft werden in den Restaurants jedoch ohnehin ungiftige Fugu-Züchtungen verwendet.

34 [B6] **Tora-Fugu Tei** ¥¥¥, 1-3-15 Kabukichō, Shinjuku-ku, Tel. 5155-2329, www.torafugu.co.jp/en/shinjuku_bekkan/, geöffnet: Mo.–Sa. 17–4, So. 16–23.30 Uhr. Preiswertes Fugu-Restaurant in Shinjuku Kabukichō. Verschiedene Speisevarianten bieten einen guten Einstieg in die Fugu-Welt.

009to Abb.: ok

Yakitori

Yakitori sind kleine **leckere Spießchen,** die u. a. mit mariniertem Hühnchenfleisch oder verschiedenem Gemüse bestückt sind. Sie werden in verschiedene Saucen gedippt und auf einem Holzkohlegrill zubereitet, was den Spießchen einen intensiven Grill-Geschmack verleiht. In Yakitori-Bars wird immer gerne viel gequatscht und viel Alkohol getrunken.

Tempura

Bei Tempura werden die Zutaten **in einem Teigmantel frittiert.** Besonders beliebt sind Garnelen, aber auch verschiedenste Pilze, Gemüsesorten und Meeresfrüchte sind als Tempura angesagt. Mit Tempura sind alle auf der sicheren Seite, die sich vor rohem Fisch oder Fleisch fürchten. Die frittierten Köstlichkeiten werden vor dem Verzehr in verschiedene Saucen gedippt.

Sukiyaki

Für Sukiyaki braucht man gutes und dünn geschnittenes **Rindfleisch, das im Topf schmort.** In guten Sukiyaki-Restaurants wird das Fleisch mit Gemüse direkt vor dem Gast zubreitet. Sobald eine der Zutaten fertig ist, reicht der Koch diese dem Gast in einer kleinen Schüssel. Bevor man die Happen isst, taucht man sie noch in ein Schälchen mit rohem Ei.

Fast-Food-Ketten

Neben den westlichen Fast-Food-Ketten gibt es in Tokyo auch spezielle japanische Fast-Food-Restaurants. Die populärsten und günstigsten Gerichte sind dabei **Gyū-don** (gekochtes Rindfleisch auf Reis), **Buta-don** (das Äquivalent mit Schweinefleisch) oder **Curry-Reis.** Diese Gerichte werden mehr oder weniger von allen japanischen Ketten wie etwa Yoshinoya (s. S. 59) angeboten.

Am **Ticketautomat** im Eingangsbereich wählt man zuerst das gewünschte Gericht aus und legt dann das gekaufte Ticket vor sich auf die Theke. Konversation ist nicht notwendig, innerhalb von fünf Minuten steht das Gericht vor einem auf dem Tisch. Die Gerichte kosten ab 350 ¥ und sind bei Studenten und sparsamen Angestellten besonders beliebt.

⌃ *Leckere Spießchen: Yakitori*

Die Kette Mos Burger (s. S. 58) bietet japanische Burger-Variationen an.

Trinken

Alkohol

Das beliebteste alkoholische Getränk in Japan ist **Bier.** Wenn die Geschäftsleute nach dem Arbeitstag in eine Bar oder Kneipe gehen, gehört Bier oft wie selbstverständlich dazu. Zu den bekanntesten Marken zählen die Biere der großen Konzerne Asahi, Kirin, Sapporo und Suntory. Üblicherweise wird das Bier in der Flasche verkauft, manchmal bekommt man es aber auch frisch gezapft.

Sake, der japanische Reiswein, besitzt eine über 2000-jährige Tradition in Japan. Sake hat meist einen Alkohol-Anteil von rund 16 % und kann entweder heiß oder kalt getrunken werden. Zum Neujahrsfest Oshōgatsu (s. S. 84) wird traditionell gerne der noch nicht vollständig vergorene **Amazake** gereicht.

Shōchū ist schnapsähnlich und hat oft einen Alkoholgehalt von rund 40 Prozent. Ursprünglich stammt Shōchū aus dem Süden Japans, doch haben sich in Tokyo einige Shōchū-Bars etabliert, die Alkohol und Lifestyle miteinander verbinden und mehrere Hundert Sorten anbieten. Shōchū wird entweder aus Reis oder aus Süßkartoffeln hergestellt.

Izakaya

Izakayas sind mit **Kneipen** oder **Pubs** vergleichbar. Sie haben im Vergleich zu Restaurants länger geöffnet, sind lauter und das Publikum ist deutlich alkoholisierter. In den Izakayas gibt es oft auch kleine Gerichte, die gut zu Bier und Alkohol passen. Eine Liste mit empfehlenswerten Izakayas findet sich auf S. 57.

Tee und Wasser

Spricht man in Japan von Tee, so ist im Allgemeinen **grüner Tee** *(matcha)* gemeint. Ihn gibt es in vielen japanischen Restaurants kostenlos. Oft wird er gleich zu Beginn mit der Speisekarte an den Tisch gebracht, in anderen Restaurants kann man sich den Tee selbst holen und nachfüllen. Es gibt ihn in unterschiedlichsten Sorten, Geschmacksrichtungen und Varianten. Auch bei Teezeremonien kommt der zu Pulver gemahlene Grüntee zum Einsatz, der mit heißem Wasser übergossen und mit einem Bambuspinsel aufgeschäumt wird.

Neben dem Grüntee wird in vielen Restaurants auch kostenlos **Wasser** gereicht. **Leitungswasser** ist in Japan in der Regel überall trinkbar – was auch am hohen Chlorgehalt liegt, der sich jedoch negativ auf den Geschmack auswirkt.

MEIN TIPP

Chadō – Teezeremonie in Hotels

Die Kunst der Teezeremonie (s. S. 29) lässt sich in Tokyo erleben. Meist dauert die kunstvolle Prozedur rund eine halbe Stunde, einige der großen Hotels bieten tägliche Zeremonien in ihrem Chashitsu (Tee-Raum) an. Eine Reservierung wird empfohlen.

- 35 [G7] **Hoshinoya Tokyo,** 1 Chome 9-1 Otemachi, Tel. 050 3786-1144, https://hoshinoya.com/tokyo/en/experience/japanese-tea-ceremony, tägl. 10–11 Uhr, Kosten: 8000 ¥ (inklusive Teeschale, die man mit nach Hause nehmen kann)
- › **Toko-an** im 4. Stock des Imperial Hotel (s. S. 117), Tel. 3504-1111, www.imperialhotel.co.jp/e/tokyo/facility/tokoan.html, Mo.–Sa. 10–16 Uhr, Kosten: 4000 ¥

Empfehlenswerte Restaurants

Japanische Küche

36 [J4] **Asakusa Imahan** ¥¥¥¥, 3-1-12 Nishiasakusa, Taitō-ku, U-Bahn: Tawaramachi, Ausgang 3, von dort fünf Minuten zu Fuß, Tel. 3841-1114, www.asakusaimahan.co.jp, geöffnet: tägl. 11.30-21.30 Uhr. Eines der bekanntesten Sukiyaki-Restaurants in Tokyo. Das Spitzen-Wagyu (Rind) wird hier vom Personal direkt am Tisch zubereitet. Das saftige Fleisch schmilzt auf der Zunge, ein echter Genuss für Fleisch-Fans. Auf der Speisekarte stehen auch Shabu-Shabu (s. S. 51) und Steaks.

37 [J4] **Daikokuya** ¥¥, 1-38-10 Asakusa, Taitō-ku, U-Bahn: Asakusa, Ausgang 1, von dort fünf Minuten zu Fuß, Tel. 3844-2222, www.tempura.co.jp, geöffnet: tägl. 11-20.30 Uhr. Berühmt für das leckere Tempura-Donburi. Tempura wird mit einer dunklen Sauce, die eine etwas süßliche Note hat, auf Reis serviert. Sehr gutes Preis-Leistungs-Verhältnis, weshalb sich oft eine lange Schlange vor der Tür bildet.

38 [D6] **Gyotei Kamiya** ¥¥¥, 7-1 Sumiyoshicho, Shinjuku-ku, U-Bahn: Akebonobashi, Ausgang A3, über Doutor Coffee, Tel. 3351-4357, https://gyotei-kamiya.com, geöffnet: Mo.-Sa. 11.30-15 u. 17-22.30 Uhr. Saisonales japanisches Essen nach Kaiseki-Art, zubereitet von Chefkoch Kamiya, der früher in der Schweiz kochte. Sushi und Soba sind auch im Angebot. Hier kann man lecker essen und dazu auf Deutsch bedient werden.

Gastro- und Nightlife-Areale

Bläulich hervorgehobene Bereiche in den Karten kennzeichnen Gebiete mit einem dichten Angebot an Restaurants, Bars, Clubs, Discos etc.

39 [H4] **Izuei Honten** ¥¥, 2-12-22 Ueno, Taitō-ku, JR Ueno, Ausgang: Shinobazuguchi, 5 Minuten zu Fuß, Tel. 3831-0954, www.izuei.co.jp, geöffnet: tägl. 11-21 Uhr. Die Spezialität des Hauses ist gegrillter Unagi (Aal) auf Reis. Großes Restaurant mit Blick auf den Ueno-Park.

40 [A10] **Kaikaya** ¥¥, 23-7 Maruyamachō, Shibuya-ku, JR/U-Bahn: Shibuya, von dort zehn Minuten zu Fuß, www.kaikaya.com, Tel. 3770-0878, geöffnet: Do.-Di. 17-22.30 Uhr. Fangfrisches Sashimi und andere japanische und asiatische Gerichte, die gut zu Bier und Sake passen. Lockere und internationale Atmosphäre. Der Koch und Inhaber ist ein langjähriger Surfer und kennt viele Fischer persönlich. Das Lokal ist oft voll, man sitzt eng zusammen mit anderen Gästen und kommt leicht ins Gespräch.

41 [H4] **Kamachiku** ¥, 2-14-18 Nezu, Bunkyō-ku, U-Bahn: Nezu, Tel. 5815-4675, http://kamachiku.com, geöffnet: Di.-Sa. 11.30-14.30 und 17.30-21.30 Uhr. Die Spezialität des Hauses ist Kamaage-Udon, also Udon mit einer leckeren Sauce zum Dippen. Die Weizennudeln werden jeden Tag frisch gemacht und dafür steht die Kundschaft gerne Schlange. Ein guter Ort zum Mittagessen. Dazu gibt es eine gute Auswahl an Sake und einen schönen Garten.

42 [J5] **Kappō Yoshiba** ¥¥, 2-14-5 Yokoami, Sumida-ku, JR/U-Bahn: Ryogoku, von dort 8 Minuten zu Fuß, Tel. 3623-4480, www.kapou-yoshiba.jp, geöffnet: Mo.-Sa. 11.30-14 u. 17-22 Uhr. Chanko-Restaurant in einem ehemaligen Sumo-Haus. Sogar den Sumo-Wettkampfring gibt es hier noch. Neben Chanko finden sich auch noch Sushi und andere japanische Gerichte auf der Speisekarte.

43 [B10] **Katsu Midori** ¥¥, 8F Seibu Department Store, 21-1 Udagawacho, Shibuya-ku, JR Shibuya, Hachikō Ausgang, von dort fünf Minuten zu Fuß, Tel.

Preiskategorien Restaurants

Durchschnittliche Ausgaben für eine Person:

¥	bis 1000 ¥
¥¥	1000–5000 ¥
¥¥¥	5000–10.000 ¥
¥¥¥¥	ab 10.000 ¥

5728-4282, www.katumidori.co.jp, geöffnet: tägl. 11–Uhr. Ein Kaiten-Sushi-Ableger des berühmten Sushi-Restaurants Midori. Die Qualität der Zutaten ist für ein Kaiten-Sushi-Lokal daher besonders gut. Das wissen viele Menschen, daher gibt es oft eine lange Schlange vor dem Restaurant. Wer Wartezeiten vermeiden will, sollte es zwischen 14 und 16 Uhr versuchen.

44 [G9] **Kyubey** ¥¥¥¥, 8-7-6 Ginza, Chūō-ku, U-Bahn: Ginza, Ausgang A2, von dort fünf Minuten zu Fuß, Tel. 3571-6523, geöffnet: Mo.–Sa. 11.30–14 u. 17–22 Uhr. Viele fragen sich, warum Kyubey nur einen Michelin-Star hat. Hier gibt es High-End-Sushi in schöner Atmosphäre. Weitere Kyubey-Filialen gibt es in den Top-Hotels wie dem Imperial Hotel (s. S. 117), dem Ōkura (s. S. 118) oder dem New Ōtani (s. S. 120).

45 [C9] **Maisen** ¥¥, 4-8-5 Jingū-mae, Shibuya-ku, U-Bahn: Omotesandō, Tel. 0120 428-485, https://mai-sen.com, tägl. 11–22 Uhr. Während viele Restaurants kommen und gehen, gibt es das Maisen bereits seit 1978. Ein Teil des Restaurants befindet sich in einem ehemaligen Sento (Badehaus) mit sehr hohen Decken. Das überraschend zarte Schweinefleisch gilt als Spezialität des Hauses.

Verhalten im Restaurant

- **Trinkgeld** ist in Japan unüblich.
- Normalerweise wartet man in den Restaurants im Eingangsbereich, bis man einen Platz zugewiesen bekommt.
- Üblicherweise isst man mit **Stäbchen.** Kaum jemand in Tokyo wird es aber einem Europäer übelnehmen, wenn dieser nach **Besteck** fragt. Zu den goldenen Regeln im Umgang mit Stäbchen zählen: 1. Man reicht kein Essen mit Stäbchen weiter. 2. Man zeigt mit den Stäbchen nicht auf andere Personen.
- Einige Restaurants haben in ihren Schaufenstern **Wachs- oder Plastikmodelle** der einzelnen Gerichte. Die Modelle erleichtern die Kommunikation, da man zum Bestellen einfach auf ein Gericht deuten kann.
- Beim Essen von Nudelsuppen wie Rāmen (s. S. 51) oder Soba darf **geschlürft** werden. Vielmehr gilt: Wer nicht schlürft, fällt aus dem Rahmen.
- Bei einigen japanischen Fast-Food-Ketten wählt und bezahlt man sein Gericht am **Automaten am Eingang.** Hier nimmt man anschließend einfach Platz und reicht den Bon über die Theke.

064to Abb.: ok

In einigen Schnellrestaurants kann man Rāmen per Touchscreen am Eingang bestellen

Alle Tonkatsu-Gerichte werden mit Reis, Miso-Suppe und Weißkohl-Salat serviert, der Beilagen-Nachschlag ist kostenlos. Die Gerichte gibt es auch zum Mitnehmen.

46 [J4] **Sometaro** ¥, 2-2-2 Nishiasakusa, Taitō-ku, U-Bahn: Tawaramachi, Ausgang 3, von dort 7 Minuten zu Fuß, Tel. 3844-9502, geöffnet: tägl. 12-15, 17.30-20.30 Uhr. Beliebtes Okonomiyaki-Restaurant in einem alten Holzhaus – die Schuhe müssen ausgezogen werden und man sitzt auf dem Tatami-Boden. Gute Auswahl an herzhaften japanischen Pfannkuchen und gebratenen Nudeln, die man selbst auf dem Tisch zubereiten kann. Wer damit überfordert ist, bekommt Hilfe vom Personal. Speisekarte auch auf Englisch.

47 [G8] **Sukiyabashi Jiro** ¥¥¥¥, 4-2-15 Ginza, Chūō-ku, U-Bahn: Ginza, Ausgang C6, Tel. 3535-3600, www.sushi-jiro.jp, Mo.-Sa. 11.30-14, Mo.-Fr. 17.30-20.30 Uhr. Für viele ist das Jiro eine Sushi-Legende – nicht mehr und nicht weniger. Es hat drei Michelin-Sterne. Weil es einen solchen Legendenstatus genießt, wurde ein Film über den Küchenchef gedreht („Jiro Dreams of Sushi"). Das Jiro hat natürlich auch seine eigenen Regeln und seinen eigenen Preis: Ein Menü aus 20 Stück kostet 55.000 ¥. Dafür hat man eine Stunde Zeit. Für ausländische Gäste lässt sich ein Tisch nur über den Concierge des gebuchten Hotels reservieren.

48 [G9] **Ten-ichi Ginza Honten** ¥¥¥¥, 6-6-5 Ginza, Chūō-ku, U-Bahn: Ginza, Ausgang B6, drei Minuten zu Fuß, Tel. 3571-1949, www.tenichi.co.jp, geöffnet: tägl. 11.30-22 Uhr. Tokyos berühmteste Adresse für Tempura zum exquisiten Preis. Hier erkennt man, dass Tempura nicht gleich Tempura ist. Viele internationale VIP-Gäste – Geld spielt hier keine Rolle. Einige Filialen finden sich auch in Department Stores, wie etwa im Isetan Shinjuku (s. S. 72).

49 [C12] **Tonki** ¥¥, 1-1-2 Shimomeguro, Meguro-ku, JR/ U-Bahn: Meguro, von dort drei Minuten zu Fuß, Tel. 3491-9928, geöffnet: Mi.-Mo. 16-23 Uhr. Großartiges Tonkatsu-Restaurant in Meguro. In der offenen Küche werden die panierten Schweineschnitzel von den älteren Tonkatsu-Meistern mit sehr viel Geschick zubereitet. Schon diese Zubereitung ist ein großes Spektakel, es könnte Tonkatsu-Theater sein. Auf der Karte gibt es drei Menüs: Rosu-Katsu (mit etwas mehr Fettanteil), Hire-Katsu (Filet) oder Kushi-Katsu (Schaschlik). Experten bestellen jedoch oft gemischt (Rosu mit Kushi zum Beispiel). Alles ist sehr saftig und knusprig. Die Gerichte werden mit Reis, Miso-Suppe und fein geschnittenem Kohl serviert. Oft bildet sich vor dem Restaurant eine Schlange. Am besten einen Platz im Erdgeschoss ergattern, um die Zubereitungsshow beobachten zu können.

50 [B10] **Toritake** ¥¥, 1-6-1 Dogenzaka Shibuya-ku, JR Shibuya, vom Ausgang Hachikō 3 Min., Tel. 34611627, https://toritake.jp, geöffnet: tägl. 12-23.30 Uhr. Alteingesessenes Yakitori-Restaurant in Shibuya. Schon von der Straße aus sieht man, wie die Spieße gegrillt werden. Die Yakitori-Spieße sind relativ groß und einfach lecker. Keine Reservierung möglich, daher gibt es oft eine Warteschlange vor dem Laden.

51 [B10] **Uobei** ¥, 2-29-11 Dogenzaka, Shibuya-ku, JR/U-Bahn: Shibuya, von dort fünf Minuten zu Fuß, Tel. 3462-0241, www.genkisushi.co.jp, geöffnet: tägl. 11-23 Uhr. Hightech-Kaiten-Sushi mitten in Shibuya. Hier fahren die Sushi-Teller aber nicht im Kreis, sondern man bestellt einfach alles per Touchscreen (auch auf Englisch). Die Teller kommen dann direkt zu einem an den Platz gefahren – jeder Teller kostet ab 150 ¥. Etwas verspielt – aber gerade deswegen erlebenswert ...

MEIN TIPP

Kleine Soba-Kunde

Kulinarisch betrachtet gehören zu einem gelungenen Aufenthalt in Tokyo Soba-Nudeln auf jeden Fall dazu. Lokale für die **japanischen Buchweizennudeln** gibt es schon seit der Edo-Zeit – und dementsprechend haben sich im Laufe der Jahrhunderte ganz eigene Rituale zum Verzehr der Soba-Nudeln in Tokyo entwickelt.

Das **Ritual** beginnt mit etwas Sake. Dazu isst man einige Kleinigkeiten, während man auf die Soba-Nudeln wartet. Zu diesen Kleinigkeiten zählen zum Beispiel Itawasa (ein Fischkuchen mit Wasabi) oder Yakinori (gerösteter Seetang).

Soba wird aus Buchweizen hergestellt und ist gräulich. Die Nudeln schmecken sowohl kalt als auch warm. Warme Soba-Nudeln werden in einer heißen Brühe mit Beilage (frittierter Tofu, Ente, Ei etc.) serviert. Die populärsten Soba-Varianten sind aber **Mori-soba** und **Zaru-soba** – beide Gerichte werden kalt gegessen und sind besonders in den heißen Tokyoter Sommer-Monaten beliebt. Sie werden mit einer sehr geschmacksintensiven separaten Soße serviert. Dazu gibt es auch Yakumi, frische Gewürze und Kräuter, mit denen man die Soße je nach Geschmack verfeinern kann. In Tokyo gilt es als schick, nur die Spitzen der Nudeln in die separate Soße einzutauchen (sonst wird es zu salzig!) und die Nudeln zu schlucken, ohne sie zu stark zu zerkauen. Die Nudeln aus Buchweizen darf (und soll) man schlürfen – so soll Soba noch besser schmecken.

Nachdem man alle Soba gegessen hat, bekommt man oft **„Soba-yu"** serviert: Das ist das Kochwasser der Soba-Nudeln. Man verdünnt die übriggebliebene Soße mit dem Soba-yu und trinkt das Ganze. Dieses Kochwasser hat einen hohen Nährwert und sättigt sehr gut. Noch wichtiger aber: Man wirkt als Kenner, wenn man das Soba-yu richtig zu verwenden weiß ...

55 [J4] **Namiki Yabusoba** ¥¥, 2-11-9 Kaminarimon, Taitō-ku, U-Bahn: Asakusa, von dort fünf Minuten zu Fuß, 3841-1340, geöffnet: Fr.-Mi. 11-19.30 Uhr. Traditionelles Soba-Restaurant, das seit 1913 existiert. Überwiegend lokale Kundschaft. Englische Speisekarte vorhanden.

Izakaya

52 [D10] **Gonpachi** ¥¥, 1-13-11 Nishi-Azabu, Minato-ku, ab U-Bahn: Roppongi 10 Min. zu Fuß, Tel. 050 5443-1691, www.gonpachi.jp/nishi-azabu, geöffnet: tägl. 11.30-3.30 Uhr, nur bargeldlose Zahlung. Das große Izakaya mit nostalgischer Einrichtung ist bekannt dafür, dass Ex-US-Präsident Bush und Japans Ex-Premierminister Koizumi hier zum Izakaya-Gipfel zusammenkamen. Noch berühmter ist es als Schauplatz der blutigen Kampfszene in Quentin Tarantinos „Kill Bill". Reservierung dringend empfohlen.

53 [B10] **Kotaro** ¥¥¥, 28-2 Sakuragaokachō, Shibuya-ku, Bahnhof Shibuya, Tel. 5428-5705, www.instagram.com/kotaro_shibuya, geöffnet: Di.-Fr. 17-23, Sa., So. 14-21, jeden 1. und 3. Di. im Monat geschlossen. Gemütliches Izakaya, in dem Chefkoch Kotaro leckeres Essen präsentiert. Sehr beliebt bei den Menschen aus der Nachbarschaft. Hier lohnen sich eine Reservierung und der Kartoffelsalat mit geräuchertem Ei.

54 [B10] **Miraizaka** ¥, 5F Dogenzaka-Center Bldg., 2-29-8 Dogenzaka, Shibuya-ku, JR Shibuya, 5 Min., Tel. 050-2019-7272, https://miraizaka.com/shibuya dogenzaka, geöffnet: So.-Do. 16-3, Fr., Sa. 16-5 Uhr. Große Izakaya-Kette, in der die einzelnen Gerichte recht günstig sind. Hier versammeln sich gerne große Grup-

0650to Abb.: ok

Schmackhaft und authentisch: Miso-Rāmen

pen – oft Studenten und Geschäftsleute. Viele Filialen quer über Tokyo verteilt, oft in der Nähe eines Bahnhofs zu finden.

Rāmen

56 [B7] **Fuunji** ¥, 2-14-3 Yoyogi, Shibuya-ku, JR: Shinjuku, ab Süd-Ausgang 5 Min. zu Fuß die Kōshū-kaido-Straße entlang, Tel. 6413-8480, www.fu-unji.com, tägl. 11-15, 17-21 Uhr (schließt früher, wenn die Suppe ausverkauft ist.) Spezialität des Hauses ist Tsukemen. Man dippt die Nudeln in eine dickflüssige Hühner-/Fischsuppe mit Toppings. Das Ticket dafür kauft man am Automaten – Tokusei-Tsukemen ist unsere Empfehlung. Am Tisch wird man dann gefragt, ob man eine „große oder normale Portion" haben will, der Preis ist jedoch gleich.

57 [B9] **Ichiran** ¥, 6-5-6 Jingūmae, Shibuya-ku, JR Harajuku, von dort drei Minuten zu Fuß, Tel. 3407-5911, www.ichiran.co.jp, geöffnet: tägl. 11-22 Uhr. Ausgefallene Variante, vor allem was das Ambiente angeht: Man sitzt am Tresen in einer Art Box, in der man weder die anderen Gäste noch die Bedienung sehen kann. Man soll von nichts abgelenkt werden und sich ganz auf sein Tonkotsu Rāmen konzentrieren können. Auf einem Papier füllt man aus, wie hart man seine Nudeln haben möchte und welche Zutaten man wünscht. Eine Version in englischer Sprache ist erhältlich. Mehrere Filialen im Stadtgebiet.

58 [E9] **Ippudo Roppongi** ¥, 1F, 4-9-11 Roppongi, Minato-ku, U-Bahn: Roppongi, von dort zwei Minuten, Tel. 5775-7561, www.ippudo.com, geöffnet: Mi.-Sa. 11-23 Uhr. Vielleicht die beste Adresse für Tonkotsu Rāmen. Neben Rāmen sind hier auch die Hitokuchi Gyoza (Teigtaschen) sehr empfehlenswert. Mehrere Filialen, u. a. auch in Ginza, Minami Aoyama und Tokyo Solamachi.

Japanische Fast-Food-Ketten

59 [I4] **Matsuya** ¥, 7-2-1 Ueno, Taitō-ku, vor dem Bahnhof Ueno, geöffnet: tägl. rund um die Uhr. Die Klassiker sind hier Gyū-don, Buta-don oder Curry-Reis. Viele weitere Filialen im Stadtgebiet.

60 [B10] **Mos Burger** ¥, 2-29-8 Dogenzaka, Shibuya-ku, JR Shibuya, 5 Minuten, Tel. 3461-0548, www.mos.co.jp, geöffnet: tägl. 9-22 Uhr. Mos Burger bietet Burger nach japanischer Art. Diese gibt es mit Brötchen oder auch als Reisburger. Der Kinpira-Reisburger ist für Vegetarier geeignet. Hier gibt es auch ein abgetrenntes Raucherzimmer.

61 [H7] **Nakau** ¥, 1-7-7 Marunouchi, Chiyoda-ku, Tokyo Station, Ausgang Marunouchi-Nord, unter der Bahnlinie, Tel. 3283-1321, www.nakau.co.jp, geöffnet: tägl. rund um die Uhr. Gyūsuki-Don (eine Reisschale mit Rindfleisch nach Sukiyaki-Art) oder Oyako-Don (Ei und Hühnchen auf Reis) sind hier die Klassiker. Darüber hinaus gibt es noch Katsu-Don (Schweineschnitzel auf Reis) und Udon-Nudeln. Etwas teurer als Yoshinoya oder Matsuya.

62 [B8] **Yoshinoya** ¥, 1-17-1 Jingūmae, Shibuya-ku, JR Harajuku, von dort eine Minute Fußweg, Tel. 5412-7613, www.yoshinoya.com, geöffnet: rund um die Uhr, geschl.: Mo. von 2-4 Uhr. Gyū-don (ab 300 ¥), Buta-don und Curry-Reis. Gleich am Eingang der Takeshita-dōri 10. Man erkennt das Lokal am orangenen Logo - das man an unzähligen Orten in Tokyo antrifft.

Internationale Küche

63 [B6] **Ban Thai** ¥¥, 3F, 1-23-14 Kabuki-chō, Shinjuku-ku, JR Shinjuku, ab Ost-Ausgang 3 Min., Tel. 3207-0068, https://ban-thai.studio.site, tägl. 11.30-15, 17-23 Uhr. Das empfehlenswerte und authentische Thai-Restaurant in Kabuki-chō wirkt von außen etwas zwielichtig, ist innen aber ganz entspannt.

Meine Tipps

Yakitori-Alley – Yūrakuchō [G8]

Unter der Bahnlinie ist die Welt noch in Ordnung: Die kleine Yakitori-Alley in Yūrakuchō bietet jede Menge Atmosphäre und Flair. Während oben die JR-Züge vorbeibrettern, trifft man unten auf der Straße und in den Bahnbögen auf **viele kleine Restaurants.** Auf der Straße wird gegrillt und die Standbetreiber schieben ihre Tische und Stühle je nach Bedarf bis weit in die Straße hinein. Hier bekommt man alle Teile vom Hühnchen gegrillt, aber auch Schweinefleisch, Meeresfrüchte oder Veggie-Varianten sind erhältlich. Und natürlich gehört auch Bier und Sake zu einem Abend in der Yakitori-Alley - daher trifft man später am Abend sicher auch auf einige angeheiterte Geschäftsleute.

› JR: Yūrakuchō, Ausgang Ginza

Omoide Yokochō – Shinjuku [B6]

Ein Spaziergang durch die Omoide Yokochō („Gasse der Erinnerungen") ist eine nostalgische Angelegenheit. In der Nachkriegszeit war hier den Schwarzmarkt - heute finden sich in der Gasse viele kleine Yakitori-Lokale, Izakayas und Bars. Es dampft aus allen Türen und Fenstern, die Atmosphäre ist quirlig und lebendig. Leicht kommt man hier in den kleinen Lokalen mit den Businessleuten von nebenan ins Gespräch, die sich hier zum Bier oder Sake treffen.

› Bahnhof Shinjuku, Ausgang West

Hoppy-dōri – Asakusa [J4]

Die Hoppy-dōri (Hoppy-Straße) - verwirrenderweise gelegentlich als Nikomi-dōri (also Eintopf-Straße) bezeichnet - ist eine kleine, ca. 80 Meter lange Straße in Asakusa. Hoppy ist ein alkoholfreies Getränk, das im Nachkriegsjapan erstmals 1948 hergestellt wurde - es hat einen bierähnlichen Geschmack und ist günstig, was damals eine Sensation darstellte. Heute hat Hoppy eine kleine Renaissance erlebt. In der Hoppy-dōri reiht sich eine Kneipe an die nächste und die Tische und Stühle stehen bis weit hinein in die Straße.

Viele Gäste hier trinken ihr Hoppy bereits mittags, während sie gespannt die Ergebnisse vom Pferderennen verfolgen. Hier kann man tatsächlich heute noch ein bisschen den historischen Outlaw-Charakter von Asakusa (s. S. 20) erleben. Inzwischen finden sich in der Straße aber auch junge Menschen und Touristen. Oft wird Hoppy mit Shōchū (s. S. 53) gemixt. Das nennt sich dann immer noch Hoppy, ist aber überhaupt nicht mehr alkoholfrei. Fürs Essen ist auch gesorgt: Hier kommen die Eintopf-Gerichte ins Spiel. Eintopf mit Rind und Tofu ist hier sehr beliebt. Einfach ein gut besuchtes Lokal aussuchen und sich an den Bildern von den Gerichten orientieren - oder sich von einem der Hoppy-Trinker ganz persönlich beraten lassen ...

› U-Bahn: Asakusa (Ginza Linie), sechs Minuten Fußweg

Meine Tipps

Dinner for one

Tokyo ist ein guter Ort, wenn man alleine essen möchte. Man kann vielerorts ohne Gesellschaft am Tisch oder Tresen sitzen, ohne dass dies für irgendjemand merkwürdig wäre. Geschäftsleute, Studenten, Hausfrauen – alle machen das so. Wer schnell Kontakte schließen möchte, könnte Kneipen mit trinkfreudigen Businessleuten aufsuchen – diese verwickeln ihr Gegenüber gerne direkt in ein Gespräch. In den folgenden Lokalen kann man gut alleine essen:

- **Brooklyn Parlor** (s. S. 62): gechillte Atmosphäre mit vielen Zeitschriften und kostenlosem WLAN.
- **Golden Brown** (s. S. 61): Leckere Burger brauchen keine Begleitung – außer gute Pommes.
- **Ichiran** (s. S. 58): In den Rāmen-Restaurants kann man sehr angenehm ohne Gesellschaft essen.
- **Namiki Yabusoba** (s. S. 57): Viele Anwohner kommen hier zwischendurch vorbei, um Soba zu essen.
- **Royal Garden Café** (s. S. 62): Hier kann man gut am Fenster sitzen und die Stadt und ihre Bewohner beobachten, was niemals langweilig wird.
- **Tonki** (s. S. 56): Am besten am Tresen sitzen und einfach das Tonkatsu-Theater beobachten – hier muss man nicht wirklich sprechen.

Für den späten Hunger

Tokyo schläft nie. Die Geschäfte der japanischen Fast-Food-Ketten sind oft rund um die Uhr geöffnet, die an jeder Ecke zu findenden Convenience Stores natürlich ebenfalls. Zahlreiche Restaurants haben zudem sehr lange Öffnungszeiten – hier nur einige Beispiele:

64 [B6] **Chinese Cafe Eight** ¥¥, 6F 3-5-3 Shinjuku, U-Bahn: Shinjuku-3chome direkt, Tel. 3351-8869, www.sinjuku8.com, geöffnet: tägl. rund um die Uhr. In diesem chinesischen Restaurant geht es gern mal etwas chaotisch zu, aber die Preise sind für Roppongi-Verhältnisse günstig. Zu jeder Tages- und Nachtzeit gut besucht.

65 [B10] **Cona** ¥, 2-7-5 Dogenzaka, Shibuya-ku, JR Shibuya, Hachikō-Ausgang, von dort drei Minuten Fußweg, Tel. 3770-5729, geöffnet: Mo.-Fr. 11-5, Sa. 16-5, So. 14-5 Uhr. Pizza ist in Japan allgemein eher teuer – hier gibt es sie jedoch bereits ab 500 ¥. Das Lokal hat nur Stehplätze, sehr lockere Atmosphäre.

66 [B10] **Kamukura** ¥, 29-4 Udagawachō, Shibuya-ku, JR Shibuya, Hachikō-Ausgang, von dort drei Minuten Fußweg, www.kamukura.co.jp, geöffnet: So.-Do. 9-6.30 Uhr, Fr. und Sa. rund um die Uhr. Rāmen-Kette aus Osaka. Die klare Suppe, die Grundlage für die Gerichte ist, hat keinen ausgeprägten Eigengeschmack und hat doch – oder gerade deswegen – das Potenzial, süchtig zu machen.

Lokale mit guter Aussicht

In den obersten Etagen vieler Wolkenkratzer in Tokyo sind Restaurants eingerichtet. Die sind nicht immer preiswert, aber der Blick entschädigt. Wer auf Nummer sicher gehen will, sollte vor dem Besuch Fensterplätze reservieren.

- **Jojoen** (s. S. 61): faszinierende Aussicht aus dem 53. Stockwerk eines Wolkenkratzers
- **Monsoon** (s. S. 61): südosasiatische Küche bei romantischem Blick auf die Rainbow Bridge
- **New York Grill & Bar** (s. S. 61): schöner Blick aus der Hotelbar – unter anderem aus dem Film „Lost in Translation" bekannt

67 [B9] **Chao! Bamboo** ¥¥, 6-1-5 Jingūmae, Shibuya, U-Bahn: Meiji-Jingūmae, Ausgang 4, von dort fünf Minuten zu Fuß, Tel. 5466-4787, geöffnet: tägl. 11-21.30 Uhr. Absolut empfehlenswert, mit südostasiatischer Atmosphäre und offener Terrasse. Oftmals überfüllt.

68 [C9] **Golden Brown** ¥¥, 3F Omotesandō Hills, 4-12-10 Jingū-mae Shibuya-ku, U-Bahn: Omotesandō, Tel. 6438-9297, www.goldenbrown.info, geöffnet: tägl. 11-22 Uhr. Erstklassige Burger – die Filiale befindet sich touristenfreundlich in Omotesandō Hills.

69 [B9] **Harajuku Gyōza-Ro** ¥, 6-2-4 Jingūmae (gegenüber von Chao! Bamboo), Shibuya-ku, U-Bahn: Meiji-Jingūmae, Ausgang 4, von dort fünf Minuten zu Fuß, Tel. 3406-4743, geöffnet: tägl. 11.30-22.30 Uhr. Leckeres Gyōza-Lokal mit günstigen Preisen. Die chinesischen Maultaschen gibt es in den Varianten gebraten oder blanchiert. Passt gut zu Bier.

70 [A7] **Jojoen** ¥¥¥¥, Tokyo Opera City 53F, 3-20-2 Nishishinjuku, Shinjuku-ku, Keio-shinsen-Bahn: Hatsudai, von dort eine Minute, Tel. 5353-0089, www.jojoen.co.jp, geöffnet: tägl. 11-22 Uhr. Koreanisches BBQ-Restaurant mit fantastischer Aussicht aus dem 53. Stockwerk. Rindfleisch, Meeresfrüchte u.v.m. werden hier direkt auf dem Tisch gegrillt.

71 [G6] **L'art et Mikuni** ¥¥¥, 2F National Museum of Modern Arts, 3-1 Kitanomarukōen, Chiyoda-ku, U-Bahn: Takebashi, Ausgang 1B, von dort drei Minuten zu Fuß, Tel. 3213-0392, http://lart-et-mikuni.jp, geöffnet: Mi.-So. 11.30-23 Uhr. Französisches Restaurant-Café im Gebäude des National Museum of Modern Arts mit Blick auf den Wallgraben des Kaiserpalastes.

72 [H13] **Monsoon** ¥¥, Aqua City 4F, 1-7-1 Daiba, Minato-ku, Monorail: Daiba, von dort drei Minuten zu Fuß, Tel. 3599-4805, www.monsoon-cafe.jp, geöffnet: tägl. 11.30-23 Uhr. Nennt sich Café, ist aber eher ein südostasiatisches Restaurant mit thailändischer und vietnamesischer Küche. Die Frauengruppen kommen tagsüber wegen dem günstigen Mittagsmenu – die Paare am Abend, um den romantischen Blick auf die Rainbow-Brücke zu genießen.

73 [D9] **Moti** ¥¥, 3F, 6-2-35 Roppongi, Minato-ku, U-Bahn: Roppongi, Ausgang 1A, gleich auf der rechten Seite, geöffnet: tägl. 12-23 Uhr. Eines der populärsten indischen Restaurants in Tokyo. Nordindische Küche.

74 [A7] **New York Grill & Bar** ¥¥¥¥, 52F Park Hyatt Tokyo, 3-7-1-2 Nishishinjuku, Shinjuku-ku, JR/U-Bahn Shinjuku, Ausgang Minami (Süd), von dort zwölf Minuten zu Fuß, Tel. 5323-3458, http://tokyo.park.hyatt.jp, geöffnet: tägl. 11.30-14.30 u. 17.30-22 Uhr. Eines der hippsten Restaurants in Tokyo im obersten Stockwerk (52F) des Park Hyatt Hotels. Die angeschlossene Bar bietet Livemusik und diente bereits als Schauplatz des Films „Lost in Translation".

75 [H8] **Seiyoryori Shima** ¥¥¥¥, 3-5-12 Nihonbashi, Chūō-ku, U-Bahn: Nihonbashi, Tel. 3271-7889, Mo.-Sa. 18-21 Uhr (Einlass). Das hervorragende, von Manabu Oshima geführte Wagyu-Steak-Restaurant im Kellergeschoss ist nicht leicht zu finden, aber die Suche lohnt sich. Tipp: Wer das Steak nicht komplett schafft, kann es als Steak-Sandwich mitnehmen. Sehr teuer, aber eben auch sehr gut. Reservierung notwendig.

Vegetarische Lokale

In vielen japanischen Restaurants sind fleischlose Gerichte erhältlich. Jedoch wird als Suppen- oder Saucenbasis oft mit Fischsauce gearbeitet. In den folgenden Lokalen kann man sicher sein, dass rein vegetarisch gekocht wird.

76 [C9] **Brown Rice Cafe** ¥¥, 5-1-17 Jingūmae, Shibuya-ku, U-Bahn: Omotesandō, Ausgang B1, von dort drei Minuten zu Fuß, Tel. 5778-5416, https://brownrice.jp, geöffnet: tägl. 11.30-18 Uhr, 1. Di. im Monat geschlossen. Vegetarisches Café-Restaurant mit einfachen, aber guten japanischen vegetarischen Gerichten. Auch für Veganer finden sich Gerichte auf der Speisekarte.

77 [C8] **Mominoki House** ¥¥, 2-18-5 Jingumae, Shibuya-ku, JR Harajuku, von dort zehn Minuten zu Fuß, Tel. 3405-9144, www.mominoki-house.net, geöffnet: tägl. 11-15 und 17-23 Uhr. Bio-Restaurant mit frischen japanischen Gerichten wie Tofu-Steak, braunem Reis etc. Das Restaurant besteht bereits seit dem Jahr 1976, schon Paul McCartney und Stevie Wonder gehörten zu den Gästen.

78 [H8] **T's Tantan** ¥, Keiyō Street, 1F JR Tokyo Station, 1-9-1 Marunouchi, Chiyoda, Tel. 3218-8040, http://ts-restaurant.jp, geöffnet: tägl. 7-23 Uhr. Hier gibt es vegetarische Rāmen (s. S. 51) im Bahnhof Tokyo. Eine Oase auch für Veganer.

79 [B9] **Vegan Izakaya Masaka** ¥¥, B1F Shubuya Parco, 1-5-1 Udagawa-cho, Shubuya-ku, ab JR Shibuya Station 6 Min., Tel. 54223020, tägl. 12-22 Uhr. Etwas versteckt zwischen den auffälligen Restaurants der Chaos Kitchen im Kaufhaus Shibuya Parco gelegen, serviert dieses lebhafte Restaurant im Izakaya-Stil ausschließlich vegane Gerichte. Ein äußerst beliebtes Gericht ist Karaage, das hier mit Soja statt mit Hähnchenfleisch zubereitet und mit einer Soße nach Wahl serviert wird. Abends gibt es ungefähr 40 beliebte Izakaya-Gerichte zur Auswahl. Reservierungen werden nicht entgegengenommen, am besten kommt man früh, um sich einen Platz zu sichern.

Cafés

80 [B6] **Brooklyn Parlor,** Shinjuku OIOI Anex B1F, 3-1-26 Shinjuku, Shinjuku-ku, U-Bahn: Shinjuku-sanchome, 1 Min., Tel. 6457-7763, www.brooklynparlor.co.jp, geöffnet: tägl. 11.30-22 Uhr. Gute Mischung aus stylischer und gemütlicher Atmosphäre in Shinjuku. Viele Designbücher und Zeitschriften vorhanden. Gute Wahl für Kaffee und Kuchen, aber auch für Cocktails und Burger.

81 [H3] **Kayaba Coffee,** 6-1-29 Yanaka, Taitō-ku, U-Bahn: Nezu, 10 Minuten zu Fuß, Tel. 3823-3545, geöffnet: Di.-So. 8-18 Uhr. Das Café existiert bereits seit 1938. Die Inhaberfamilie hatte das Geschäft nach 70 Jahren aufgegeben, aber die Nachbarschaft hat sich bemüht, das Lokal wiederzubeleben. Das schöne alte japanische Haus wurde inzwischen geschmackvoll und dezent renoviert. Man bekommt hier jetzt Kaffee und kleine Snacks wie einen Butter-Toast oder ein kleines Sandwich. Perfekt für eine kleine Kaffeepause.

82 [D8] **Royal Garden Café,** 2-1-19 Kitaaoyama, Minato, U-Bahn: Gaienmae, Ausgang 4B, 3 Min., Tel. 5414-6170, www.royal-gardencafe.com, geöffnet: Mo.-Fr. 11-22, Sa., So. 9-22 Uhr. Café an der Ichō-Namiki (Ginko-Allee). Offene Terrasse, guter Service und lockere Atmosphäre. Nicht nur für die Kaffeepause geeignet, hier gibt es auch preiswerte Mittagsangebote und eine Abendkarte, auch mit veganen Gerichten.

83 [H7] **Toraya Tokyo,** Tokyo Station Hotel 2F, 1-9-1 Marunouchi, Chiyoda-ku, an der Tokyo Station, Tel. 5220-2345, www.toraya-group.co.jp, geöffnet: Mo.-Fr. 10-19, Sa., So. 10-18 Uhr. In dem schicken und modern eingerichteten Café kann man wunderschöne süße Köstlichkeiten genießen. Die Tradition des Süßwaren-Herstellers reicht zurück bis ins 16. Jh. - das merkt man ...

Tokyo am Abend

Tokyo ist eine Metropole, die nie wirklich schläft. Wenn es dunkel wird, kommt die **Zeit der Neonreklamen** – in den Innenbezirken blinkt und flackert es dann von allen Gebäuden. Trotzdem sollte man von Tokyo nicht eine Rund-um-die-Uhr-Partyszene erwarten. Das Gesetz erlaubt Clubs die Öffnung bis 5 Uhr morgens.

Auch die **öffentlichen Nahverkehrsmittel** verkehren nicht rund um die Uhr – dementsprechend ist der letzte Zug, der gewöhnlich ungefähr gegen 1 Uhr fährt, immer gut gefüllt. Anschließend bleibt nur das kostspielige Taxi. Wem das zu teuer ist, der kann es wie einige Japaner machen: Sie überbrücken die Nacht in der nächsten Karaoke-Bar oder im Manga-Café. Dort kann man dann auch mal ein kleines Nickerchen machen. Günstiger als das Taxi nach Hause kann dann auch eine kurze Nacht im Kapselhotel (s. S. 116) sein.

011to Abb.: ok

☒ *Bars und Nightlife findet man im Viertel Kabukichō [B6]*

Smoker's Guide

Tokyo – und Japan insgesamt – ist noch immer verhältnismäßig raucherfreundlich. Zwar gibt es z. B. im Shinkansen (s. S. 123) keine Raucherabteile mehr, dafür aber kleine Kabinen zwischen den Abteilen. Trotzdem kann das Rauchen im öffentlichen Raum und das Wegwerfen von Zigarettenstummeln teuer werden. Jeder Stadtbezirk hat seine eigene Verordnung, am strengsten sind die Vorschriften rund um den Kaiserpalast ❶. Die Gesetzeslage sieht Bußgelder von bis zu 50.000 ¥ vor – auch wenn es die Kontrolleure normalerweise bei einer Ermahnung belassen.

In größeren Lokalen und Izakayas (s. S. 57) gibt es in der Regel noch Raucherplätze. Restaurantketten mit Raucherplätzen sind z. B. Doutor (Kaffee), Tully's Coffee, Pronto (Kaffee und Pasta) und Mos Burger (s. S. 58). Dagegen haben Starbucks, Yoshinoya, Matsuya oder Sukiya generell keine Raucherplätze.

Love Hotels

Die Dogenzaka in Shibuya, umgangssprachlich auch einfach „Love Hotel Hill“ genannt, ist nur einer von vielen Orten in Tokyo, an denen man Love Hotels gleich im Dutzend vorfindet. Lediglich im Umkreis von Schulen sind Love Hotels prinzipiell verboten.

Die Geschichte des Love Hotel beginnt ungefähr 1960 und spiegelt auch heute noch Befindlichkeiten der japanischen Gesellschaft und Kultur wider. Love Hotels sind die Antwort auf beengte häusliche Wohnverhältnisse, auf dünne Holzwände und auf eine Gesellschaft, die Sex nicht gerade offensiv thematisiert. Die Love Hotels sind nur eine der vielen sich dadurch bildenden gesellschaftlichen Nischen.

Love Hotels erkennt man von Weitem an der ausgefallenen Architektur oder an den knallbunten Farben. Die Anonymität in den Hotels ist perfekt: Sobald man auf den Parkplatz des Hotels fährt, kann man von außen nicht mehr gesehen werden, da Planen und Zäune eine Einsicht verhindern. Im Hotel kann man sich an einer Leuchttafel die noch freien Zimmer ansehen, Personen wird man dagegen kaum treffen. Putzfrauen warten hinter der nächsten Ecke, bis man passiert hat. Beim Bezahlen ist die Jalousie zur Frau im Büro so weit heruntergelassen, dass man nur die Hände sieht – und das Geld durchreichen kann. Die Gewährleistung von Anonymität ist eine wesentliche Voraussetzung für die hohen Besucherzahlen.

Love Hotels gibt es in Shibuya, in Kabukicho, an den Autobahnen, in Shinagawa, in Ikebukuro – eigentlich in allen Stadtteilen Tokyos. Im Vergleich zu anderen Hotels sind sie oft billiger und unterscheiden, ob man eine Nacht oder nur ein paar Stunden während des Tages darin verbringen will. Daher sind Love Hotels auch für Jugendliche erschwinglich.

Die Ausstattung der Zimmer ist bemerkenswert und reicht von bemerkenswert einfallsreich bis hin zu bemerkenswert kitschig. Die Räume sind oftmals mit einem bestimmten Motto versehen: Das können das ägyptische Zimmer mit nachgebildeten Skulpturen und Statuen sein, das Seezimmer mit großem Ruder und vielen Blautönen. Love Hotels tragen übrigens oftmals französische Namen – das kommt bei der Kundschaft besonders gut an.

Bereits am Eingang erhält man, noch bevor man das Zimmer auswählt, Informationen über spezielle Extras, die sich im Zimmer finden. Schon in den frühen 1960er-Jahren gehörte der „magic mirror“ zur Grundausstattung: ein Spiegel also, durch den man vom Bett ins Bad blicken kann, aber nicht umgekehrt. Darüber hinaus sind Wände und Decken meist verspiegelt. Zur Ausstattung kann auch eine Playstation oder Karaoke-Anlage gehören. Sich drehende Betten sind dagegen schon lange wieder aus der Mode.

Wer Hunger bekommt und etwas zu essen bestellt, muss deswegen nicht gleich seine Anonymität aufgeben – das Bestellte wird dann durch eine Luke in der Tür gereicht, sodass man auch hier niemandem begegnen muss. 2 bis 3 Stunden kosten rund 5000 Yen, Übernachtungen ca. 10.000 Yen. Ihre größte Zeit hatten die Love Hotels in den 1980er-Jahren. Heute werden einige davon zu normalen Businesshotels umgebaut. Die Vergangenheit lässt sich dann nur noch aufgrund des besonders großen Badezimmers erahnen.

Nachtleben: Roppongi und Shibuya

Grob gefasst gibt es drei große Zentren für das Nachtleben in Tokyo: zum einen **Roppongi** (s. S. 37), wo man viele Restaurants, Bars, Clubs und Diskotheken antrifft. Roppongi besticht durch seine Internationalität. Menschen unterschiedlichster Herkunft sind hier selbstverständlich. Die Clubs kommen und gehen hier ebenso schnell wie die internationalen Touristen. Hier kann man sich in allen Preisklassen vergnügen.

Als zweites, sehr nachtaktives Zentrum brilliert **Shibuya** (s. S. 16), wo tagsüber geshoppt wird und abends hippe Bars und stylische Kneipen ihre Pforten öffnen. Die Dogenzaka [B10] in Shibuya wird auch gerne als „Love Hotel Hill" bezeichnet, da es hier nicht nur Clubs, Bars, Sex-Shops und Izakayas gibt, sondern man auch gleich jede Menge Love Hotels für die Nacht findet. Das dritte nachtaktive Zentrum ist natürlich **Shinjuku** (s. S. 30) mit seinen kleinen Bars in der Golden-gai, den interessanten Lokalen in Kabukicho und den LGBT-Angeboten in Shinjuku Nichome: Für jeden ist etwas dabei.

Kneipen und Bars

In klassischen Hotel-Bars mit guter Aussicht oder in Bars mit Livemusik gibt es oft eine **„Cover Charge"**. Dabei handelt es sich um eine Gebühr, die pro Gast erhoben wird und die man dann zusätzlich zum Getränk auf der Rechnung findet. Die Höhe der Cover Charge ist von Bar zu Bar unterschiedlich – diese kann harmlos sein, reicht in teuren Hotel-Bars aber auch schon mal bis zu 2000 ¥.

84 [B6] **Ben Fiddich,** 9F Yamatoya Bldg., 1-13-7 Nishi-Shinjuku, Shinjuku-ku, U-Bahn: Shinjuku Station, Tel. 6279-4223, geöffnet: Mo.–Sa. 17–24 Uhr. Klassische Bar mit Stil, Gemütlichkeit und Kompetenz. Keine Karte. Die Getränke werden vom Bar-Meister Hiroyasu Kayama im weißen Anzug gemixt. Man nennt ihm nur die Basis wie etwa Gin oder Whisky – den Rest denkt sich Kayama dann für den Gast aus.

Mein Tipp

Shinjuku Golden-Gai – Zeitreise ins Tokyo der 1950er-Jahre [B6]

Rund 200 kleine Bars drängen sich dicht an dicht in einer kleinen Gasse, durch die eigentlich gar nicht viele Personen passen. Shinjuku Golden-Gai ist das Viertel, in dem man noch ein bisschen dem Tokyo der 1950er-Jahre nachhängen kann, bevor die Stadt dann für seine ersten Olympischen Spiele gründlich saniert wurde – und viel vom alten Charme verlor. Hier lag früher das Rotlichtviertel, jetzt gibt es viele kleine Bars, die mit fünf Gästen schon überfüllt sind. Journalisten, Dichter, Filmemacher und Künstler lieben das Viertel und diskutieren in den Bars bis tief in die Nacht – oder trinken einfach bis zum Morgengrauen.

Seit einigen Jahren kommen auch viele junge Menschen hierher, um ihre eigene Bar zu eröffnen. Das hat dazu geführt, dass Golden-Gai einen zweiten Frühling erlebt – oder vielleicht auch schon den dritten oder vierten. Einige englischsprachige Plakate in der Gasse vereinfachen den Zugang. Aber am besten ist es immer noch, durchzulaufen, sich treiben zu lassen und sich einfach irgendeine abgefahrene Bar auszusuchen. Dann kann der Abend in Golden-Gai mit vielen skurrilen und interessanten Begegnungen beginnen.

85 [B10] **Curva,** 1-25-10 Shibuya, tägl. 18-2 Uhr. Die Shibuya Nonbei Yokocho (übersetzt „Gasse der Betrunkenen") ist eine alte Straße aus der Nachkriegszeit, drei Minuten von der Shibuya-Kreuzung entfernt und ein verstecktes Juwel im modernen Shibuya. Diese gemütliche Bar kann ein guter Start – oder auch das Ende – einer authentischen Nacht in Shibuya werden.

86 [B10] **Ishinohana,** B1F, 3-6-2 Shibuya, Shibuya-ku, JR Shibuya, Ost-Ausgang, 5 Minuten Fußweg, Tel. 5485-8405, http://ishinohana.com, geöffnet: Mo.-Sa. 16-23 Uhr. Hochwertige Cocktailbar mit langem Tresen. Das Lokal hat bereits einige Cocktail-Wettbewerbe gewonnen.

87 [J4] **Kamiya Bar,** 1-1-1 Asakusa, Taitō-ku, U-Bahn: Asakusa, fünf Minuten Fußweg, www.kamiya-bar.com, geöffnet: tägl. 11.30-22 Uhr. Die Tradition der Kamiya Bar reicht zurück bis ins Jahr 1880 – dementsprechend ist die Atmosphäre etwas nostalgisch. Besonders angesagt ist es hier, das hauseigene Getränk Denki-Bran (ähnlich wie Brandy) und ein Bier zum Nachspülen zu bestellen. Da hat man dann gleich jede Menge neue Freunde in der Bar ...

88 [E9] **Mogambo,** 2F, 7-14-5 Roppongi, Minato-ku, Tel. 6447-4844, ab U-Bahn Roppongi 2 Min. zu Fuß, https://mogambo.net, Mo.-Fr. 18-5, Sa., So. 20-5 Uhr. Eine der legendärsten Bars in Roppongi, beliebt bei Einheimischen, Expats und ausländischen Geschäftsreisenden. Tolle Drinks, viel Gelächter und fantastische Musik.

89 [E9] **Motown House,** 4F, 21 Taimei-Bldg., Roppongi, Minato-ku, U-Bahn: Roppongi, Ausgang 3, 3 Minuten Fußweg, Tel. 5474-4605, www.motown-house.com, geöffnet: tägl. ab 18 Uhr. Gut gefüllte Bar mit Musik aus den 1970er- bis 1990er-Jahren. Mehr als die Hälfte der Gäste sind Ausländer.

90 [B6] **Suntory Lounge Eagle,** B1-2F, Seikine Bldg. 3-24-11 Shinjuku, JR: Shinjuku, ab Ost-Ausgang 2 Min. zu Fuß, Tel. 3354-7700, tägl. 17.30- ca. 24 Uhr. Authentische Kellerbar des Whisky-Herstellers Suntory mit schöner Holztheke und Kronleuchter. Diese Bar gehört seit 1966 zu Shinjuku. Hier bekommt man vor allem Whisky oder Cocktails mit frischem Obst überraschend günstig, schon ab 450 ¥. Gutes Essen, das Publikum ist überwiegend japanisch, männlich und zwischen 40 und 60 Jahren.

Sportsbars

91 [B9] **Estadio,** 3-10 Udagawa-cho, Shibuya, JR Shibuya, ab Ausgang Hachikō 5 Min. zu Fuß, www.sskamo.co.jp/estadio/shibuya. Sportsbar in Shibuya, in der es etwa 50 verschiedene Biere aus der ganzen Welt gibt. Außerdem verfügt die Bar über 100-Zoll- und 70-Zoll-Leinwände sowie Fernseher. Abends ist die Bar gut mit Fußballfans gefüllt.

92 [E9] **Hobgoblin Roppongi,** 3-16-33 Roppongi, Minato-ku, Tel. 3568-1280, http://hobgoblin.jp. Großes britisches Pub-Lokal. Vier große Bildschirme für Livesport-Übertragungen aller Art.

93 [B10] **Hobgoblin Shibuya,** 3F Ichiban-Bldg., 1-3-11, Dogenzaka, Shibuya-ku, JR Shibuya, Ausgang: Hachikō, drei Minuten zu Fuß, Tel. 6415-4244, geöffnet: Mo.-Fr. ab 17 Uhr, am Wochenende ab Mittag

Bars mit Livemusik

94 [E9] **B Flat,** 6-6-4 Akasaka, Minato-ku, U-Bahn: Akasaka, fünf Minuten Fußweg, Tel. 5563-2563, https://bflat.yamano-music.co.jp. Treffpunkt der Tokyoter Jazz-Szene. Fast jeden Abend Livemusik. Die Veranstaltungen beginnen normalerweise ab 19 Uhr.

Kitschig oder authentisch – ein kulinarischer Abend im Ninja-Restaurant

Das Ninja Tokyo unterhält seit Jahren vor allem ausländische Touristen und Geschäftsleute in Tokyo. Das Restaurant in der Nähe von Tokyo Station ist bewusst versteckt und nicht leicht zu finden. Nur Gäste, die reserviert haben, erhalten Informationen, wie und wo man das Ninja Tokyo findet. Ein Abend dort ist mit vielen Überraschungen gespickt: von versteckten Türen bis hin zu einer Zaubershow, die von Ninjas präsentiert wird.

Für nicht wenige mag es kitschig sein, doch dieser Ort unterscheidet sich von anderen Themenrestaurants zum Beispiel dadurch, dass das Essen von Wagyu bis hin zu frischen Fischgerichten wirklich auf hohem Niveau ist. Auch vegane Optionen sind erhältlich. Günstig ist es nicht: Man muss mit rund 20.000 ¥ pro Person kalkulieren. Trotzdem ist es für manche jeden Yen Wert.

99 [H7] **Ninja Tokyo** ¥¥¥¥, 2-2-1 Ōtemachi, Chiyoda-ku, U-Bahn: Ōtemachi, www.ninja-tokyo.jp, Reservierung notwendig. **Achtung:** Man muss körperlich in der Lage sein, sich in engen Räumen zu bewegen und Treppen zu überwinden.

95 [C9] **Blue Note Tokyo,** 6-3-16 Minamiaoyama, Minato-ku, U-Bahn: Omotesandō, acht Minuten Fußweg, Tel. 5485-0088, www.bluenote.co.jp. Eine der besten Adressen in Sachen Jazz. Hier treten namhafte japanische und internationale Musiker auf.

Clubs und Diskotheken

96 [A10] **Club Asia,** 1-8 Maruyamachō, Shibuya-ku, ab JR Shibuya 10 Min. zu Fuß, Tel. 5458-1996, https://clubasia.jp. Alteingesessener Club, der seit seiner Eröffnung im Jahr 1996 als Pionier der Clubkultur eine treibende Kraft in Shibuya ist.

97 [B10] **The Room,** 15-1 Sakuragaokachō, Shibuya-ku, JR Shibuya, Ausgang: Nishi (West), von dort drei Minuten zu Fuß, www.theroom.jp. Der Name ist Programm: Ein Raum, in dem ein guter Mix aus Funk, House und Crossover gespielt wird. Freundliche Menschen und gute Musik. Kein VIP-Raum oder sonstiger Schnick-Schnack. Nicht ganz einfach zu finden – im B1F (Stockwerk) der roten Lampe folgen.

98 [A10] **Womb,** 2-16 Maruyamacho, Shibuya-ku, JR Shibuya, Hachikō Ausgang, 10 Minuten Fußweg, Tel. 5459-0039, www.womb.co.jp. Erlauchte DJs, eine riesige Tanzfläche und trendiges Publikum – der Club ist auch aus dem Film „Babel" bekannt. Vor allem für House- und Techno-Freunde.

Karaoke

Karaoke-Bars sind ein fester Bestandteil der japanischen Alltagskultur. Jeder, der sich länger in Japan aufhält, wird wohl nicht um einen Karaoke-Besuch herumkommen – zumindest wenn man in einer Gruppe unterwegs ist. So drängen sich dann allabendlich Studentengruppen, Mittelstufenschülerinnen oder Geschäftsleute in den Karaoke-Bars.

Meine Tipps

Tokyo Night View

Das nächtliche Stadtbild Tokyos ist eine Augenweide. Neben den fünf großen **Aussichtsetagen** im **Rathaus Shinjuku** 28, in **Roppongi Hills** 37 und **Azabudai Hills** 40, im **Tokyo Tower** 42 und im **Skytree** 20 gibt es noch zahlreiche weitere Orte, von denen aus man die unendlichen Lichter der Stadt genießen kann.

- **102** [G8] **Kitte Garden,** geöffnet: bis 23 Uhr, Eintritt frei. Im 6. OG der Kitte-Mall Kitte Marunouchi. Hier sieht man besonders gut Tokyo Station und das Stadtbild von Marunouchi.
- **103** [H13] **Odaiba Seaside Park (Odaiba Kaihin-Kōen),** 1-4-1, Daiba, Minato-ku, Tokyo, Eintritt frei. Schönes Nachtbild von der Rainbow-Brücke und dem Tokyo Tower dahinter.
- ★**104** [B10] **Shibuya Sky,** www.shibuya-scramble-square.com/sky/en, tägl. 9–22 Uhr, ab 2000 ¥. Der Wolkenkratzer Shibuya Square bietet neben Shops und Restaurants auch die Aussichtsplattform Shibuya Sky. Von der Dachterrasse in 230 m Höhe hat man einen beeindruckenden Blick auf das lebhafte Treiben der Shibuya-Kreuzung. Falls man keines der begehrten Tickets für Shibuya Sky bekommt, gibt es als Alternative die Aussichtsplattform **Sky Lobby** im 11. Stock des Shibuya Hikarie (s. S. 73, Plattform tägl. 7–24 Uhr geöffnet). Diese ist zwar nicht ganz so hoch, dafür ist sie aber kostenlos.

Gigs in Tokyo

Welches Konzert gibt es heute? Antworten liefert der hilfreiche Tokyo Gig Guide mit Infos zu den Gigs von bekannten und unbekannten Bands in Tokyo.

› www.tokyogigguide.com

Jede Gruppe bekommt ihren eigenen Raum und kann dann zu japanischen und internationalen Songs kräftig ins Mikro trällern.

- **100** [B10] **Karaoke-kan,** 30-8 Udagawachō, Shibuya-ku, JR Shibuya, Ausgang Hachikō, 10 Minuten Fußweg, Tel. 3462-0785, www.karaokekan.jp, geöffnet: tägl. 11–6 Uhr. Ein typischer Karaoke-Laden, in dem jede Gruppe ihr eigenes Zimmer bekommt. Karaoke-kan wurde besonders bekannt durch die hier gedrehten Szenen für „Lost in Translation" – wer wie Bill Murray singen will, sollte nach den Zimmern 601 und 602 fragen. Zahlreiche weitere Filialen in anderen Stadtteilen.
- **101** [B6] **Studio Himawari,** 5F Miyata Bldg., 1-4-12 Kabukichō, Shinjuku-ku, JR Shinjuku, Ost-Augang, 10 Minuten Fußweg, Tel. 3207-5292, https://himawaristudio.owst.jp, geöffnet: Do.–Di. 19–5 Uhr. Ein spannender Karaoke-Pub, in dem das Singen live von Gitarre und Saxophon begleitet wird. An einem Abend war auch bereits Takeshi Kitano zu Gast. Befindet sich im 5.OG. In dem Gebäude gibt es zudem viele Nachtclubs. Eintritt: rund 3000 ¥, dafür darf man so oft singen wie man will, es gibt einen kleinen Gruß aus der Küche und ein Glas Tee. Alkoholische Getränke ab 500 ¥.

Theater und Konzerte

Theatersäle und Konzerthallen, Aufführungen und Performances gibt es in Tokyo jede Menge. Man kann zu traditionellen Theaterstücken gehen, in die Oper und zu kleinen und großen Konzerten – was in Tokyo nicht immer eine billige Angelegenheit ist. Off- oder Underground-Theater zu finden, wird dagegen schon schwieriger. Die Aufführungstermine werden auf den jeweiligen Websites veröffentlicht und meist kann man die Tickets online be-

stellen. Auch die Touristeninformationen (s. S. 107) helfen weiter.

Kabuki-/Bunraku-Theater

Kabuki ist das **traditionelle japanische Theater** der Edo-Zeit. Die Stücke bestechen vor allem durch ihre bezaubernde Ausstattung und die stilisierten Darbietungsformen. Im Tokyoter Kabukiza-Theater 5 erhält man Kopfhörer und damit Teile des Stücks auf Englisch übersetzt – die Mischung aus Gesang, Pantomime und Tanz macht die Handlung aber auch ohne Übersetzung zu einem tollen Erlebnis.

Bunraku ist eine **Kombination aus Puppenspiel und Gesang.** Auf der Bühne werden die menschengroßen Puppen von jeweils bis zu drei Personen geführt. Dabei werden sehr vielfältige Kostüme und Puppenköpfe verwendet. Das Puppenspiel entstammt der Heian-Zeit und wurde in Kyoto über die Jahrhunderte hinweg gepflegt. Bunraku ist eng mit Takemoto Gidaiyū verbunden, der im 16. Jh. die spezielle Musik und die Art der Dialoge beim Puppenspiel prägte.

5 [H9] **Kabukiza.** Tickets am besten vorab online bestellen. Kleine Ticket-Kontingente sind auch an der Tageskasse verfügbar (s. S. 15).

105 [F7] **National Theater,** 4–1 Hayabusachō, Chiyoda-ku, U-Bahn: Hanzōmon, 5 Minuten Fußweg, Tel. 3265-7411, www.ntj.jac.go.jp. Theater für Kabuki, japanischen Tanz und Bunraku. Das Theater ist wegen **umfangreicher Renovierungsarbeiten geschlossen.** Eine Wiedereröffnung wird erst 2029 erwartet. Während des Wiederaufbaus werden die Aufführungen in anderen Einrichtungen wie dem New National Theatre oder dem National Noh Theatre (beide s. S. 70) aufgeführt. Den aktuellen Spielplan findet man auf der Website des Theaters.

Steht bei Japan-Fans oft hoch im Kurs: traditionelles Theater (hier eine Kyōgen-Aufführung)

KURZ & KNAPP

Nō und Kyōgen

Nō und Kyōgen sind **Formen des traditionellen japanischen Theaters.** Während das Nō-Theater eine symbolische und gehobene Sprache bevorzugt, ist Kyōgen eine Art Farce, die ursprünglich beim Nō-Theater als Zwischenspiel aufgeführt wurde. Der Realismus des Kyōgen rief früher bei den Herrschenden oftmals Kritik hervor – sie bevorzugten das traditionelle Nō und dessen Symbolik.

106 [H9] **Shinbashi Enbujō Theater,** 6-18-2 Ginza, Chūō-ku, U-Bahn: Higashi-Ginza, Ausgang 6, 5 Minuten Fußweg, Tel. 3541-2600, www.shochiku.co.jp. Wechselndes Monatsprogramm mit Dramen, Komödien, Kabuki und Liederabenden.

Nō-Theater

Die Wurzeln dieser Form des Dramas reichen bis ins 14. Jahrhundert zurück. Die Stücke sind mit ihrer **reichen Symbolik** und **komplexen Aufführung** gleichermaßen beeindruckend und schwer verständlich. Grob gesprochen hat ein Nō-Stück mit dem Protagonisten *(Shite)* und seinem unterstützenden Darsteller *(Waki)* zwei Hauptcharaktere. Im Unterschied zum Kabuki werden bei Nō Masken eingesetzt, sodass der Hauptdarsteller viele Charaktere verkörpern kann.

107 [G9] **Kanze-Noh-Theater (Kanze Nō-Gakudō),** B3F Ginza Six, 6-10-1 Ginza Chūō-ku, U-Bahn: Ginza, 3 Min. Fußweg, Tel. 6274-6579, www.kanze.net. Dieses Nō-Theater bietet Happy-Hour-Tickets an. Mit dem Ticket kann man dann das Ende eines Stücks erleben – und damit den energischen und beeindruckenden Schluss einer Nō-Aufführung. Das Happy-Hour-Ticket kostet ca. 3000 ¥ und kann eine gute Wahl für den Einstieg in die Nō-Welt sein. Die zu vergebende Sitzmenge und die Einlassuhrzeit werden jeweils am Aufführungstag festgelegt, hier sollte man vorher telefonisch nachfragen.

108 [C7] **National Noh Theatre (Kokuritsu Nō-Gakudō),** 4-18-1 Sendagaya, Shibuya-ku, JR Sendagaya, 5 Minuten Fußweg, Tel. 3423-1331, www.ntj.jac.go.jp. In diesem Theater stehen insbesondere Nō- und Kyōgen-Aufführungen auf dem Spielplan.

Comedy

109 [J4] **Asakusa Engei Hall,** 1-43-12 Asakusa, Taitō-ku, U-Bahn: Asakusa (Ginza Linie), 6 Min. zu Fuß, Tel. 3841-6545, www.asakusaengei.com. Hier wird vor allem traditionelle japanische Comedy dargeboten. Da alle Aufführungen auf Japanisch sind, ist das ohne Sprachkenntnisse nicht gerade leicht zu verstehen. Trotzdem: die Atmosphäre und das Zusammenspiel zwischen den Aktionen der Komiker und den Reaktionen des japanischen Publikums sind auf jeden Fall amüsant. Die Eintrittskarte kostet 2800 Yen. Die Performance beginnt bereits um 11.40 Uhr – mit der Eintrittskarte kann man dafür auch den ganzen Tag lang bleiben.

Zeitgenössisches Theater

110 [A7] **New National Theatre Tokyo,** 1-1-1 Honmachi, Shibuya-ku, Tel. 5351-3011, www.nntt.jac.go.jp. Theater für Opern und Ballett-Aufführungen sowie moderne Tanz-Darbietungen.

111 **Tokyo Metropolitan Theatre,** 1-8-1 Nishi-Ikebukuro, Toshima-ku, JR/U-Bahn: Ikebukuro West Exit, 2 Min., Tel. 5391-2111, www.geigeki.jp. Das Theater wurde 1990 von der Regierung der Stadt Tokyo eröffnet, um Kunst und Kultur sowie den internationalen Austausch zu fördern.

Tokyo zum Stöbern und Shoppen

Ganz Tokyo ist eine Shoppingmall. Diesen Eindruck kann man nur allzu leicht gewinnen. Jedes Viertel hat seine Einkaufszentren, zu jedem großen Bahnhof wie z. B. Shibuya [B10] oder Shinjuku [B6] gehören **Einkaufszentren** wie selbstverständlich dazu. Auch wenn Sehenswürdigkeiten wie etwa der Tokyo Skytree 20 in der Stadt errichtet werden, wird selbstredend ein eigener Shoppingkomplex dazugebaut – der sich in diesem konkreten Fall dann Tokyo Solamachi nennt.

Einkaufen gehört in Japan einfach mit dazu. Das Konsumverhalten ist in Tokyo besonders ausgeprägt – egal ob morgens oder abends, werktags oder am Wochenende: Einkaufen geht immer.

Viele Geschäfte bieten **Tax-Free-Shopping** an. Diese haben oft einen „Tax Free Counter", an dem man gegen Vorlage des Kassenzettels und des Reisepasses die Mehrwertsteuer erstattet bekommt – vorausgesetzt, der Einkaufswert liegt über 5000 ¥ (Netto) und das Produkt geht ungeöffnet ins Ausland (www.japan.travel/en/plan/japans-tax-exemption).

Department Stores (Warenhäuser)

Department Stores – japanisch Depāto – sind große Warenhäuser mit vielen Etagen, deren Geschäfte alles bieten, was man so braucht – oder brauchen könnte, auch wenn man denkt, dass man schon alles hat. Die großen Ketten wie Isetan, Mitsukoshi oder Takashimaya sind in Tokyo gleich mehrfach vertreten. In diesen Warenhäusern einzukaufen, ist immer noch ein **Statussymbol** in Japan. Denn Department Stores stehen traditionell für **gute Qualität.** Die Warenhäuser verfügen im Obergeschoss oft über eine Restaurant-Etage und im Untergeschoss über praktische Lebensmittelabteilungen, in denen man auch bereits zubereitete Gerichte kaufen kann. Kurz vor Ladenschluss werden diese täglich mit Rabatt abverkauft.

Bekannte Restaurants oder Patisserien aus Japan eröffnen in den Department Stores gerne eine Tokyoter Dependance. Produkte werden hier häufig wie Perlen behandelt – so kann es vorkommen, dass eine Musk-Melone aus Hokkaido, schön einge-

005to Abb.: ok

Beliebt: Geschäft mit Fanartikeln rund um japanische Musik- und TV-Stars

packt, für schlappe 10.000 ¥ verkauft wird – das sind auch bei günstigem Wechselkurs noch rund 60 €. Solche Produkte werden in Tokyo oft als Geschenk für den Geschäftspartner gekauft – oder für einen „zukünftigen" Geschäftspartner.

112 [H7] **Daimaru Department Store,** 1-9-1 Marunouchi, Chiyoda-ku, Tel. 3212-8011, www.daimaru.co.jp. Praktisch direkt an der Tokyo Station gelegen, Einkaufskomplex auf 13 Etagen mit unzähligen internationalen Marken, Restaurants und Cafés. Im Untergeschoss kann man schnell Leckereien wie Obento für die Weiterreise mitnehmen.

113 [B6] **Isetan Department Store,** 3-14-1 Shinjuku, Shinjuku-ku, JR/U-Bahn: Shinjuku, fünf Minuten Fußweg, Tel. 3225-2514, www.isetan.co.jp, geöffnet: tägl. 10-20 Uhr. Populäres japanisches Warenhaus. Ein englischsprachiger Service-Schalter und Wechselmöglichkeiten befinden sich auf der Etage 6F, ein Geldautomat der Postbank auf Stockwerk 7F.

114 [H8] **Mitsukoshi Department Store,** 4-6-16, Ginza, Chuo-ku, U-Bahn: Ginza, Tel. 3562-1111, www.mitsukoshi.co.jp, geöffnet: tägl. 10-20 Uhr. Das traditionelle Einkaufsziel in Ginzas exklusiver Shoppingmeile.

115 [B7] **Takashimaya Department Store,** 5-24-2 Sendagaya, Shibuya, Tel. 5361-1111, www.takashimaya.co.jp, geöffnet: tägl. 10.30-19.30 Uhr. Riesiges Warenhaus gleich am Bahnhof Shinjuku, Ausgang Süd. Wird auch gerne als Takashimaya Times Square bezeichnet. Im Untergeschoss (B1F) befindet sich der Lebensmittelladen Kinokuniya, in dem sogar deutsches Brot angeboten wird. Im 6. Stock des Südgebäudes befindet sich das Books Kinokuniya mit hauptsächlich fremdsprachigen Titeln, die meisten englischsprachig, aber es gibt auch eine Auswahl an deutschen Büchern.

Shoppingmalls und Fachgeschäfte

Wenn die großen Bahnhöfe renoviert oder neue Wolkenkratzer gebaut werden, kommt zu jedem Komplex ein neues Einkaufszentrum hinzu. Alle streben danach, einen eigenen Charakter zu entwickeln und neue Topmarken im Haus anzusiedeln, die man am besten nirgendwo sonst findet. Wer nach vielen Einkaufstouren die Malls und deren Charakter voneinander zu unterscheiden lernt, ist bereits ein echter Tokyo-Experte.

116 [H13] **DiverCity Tokyo Plaza,** 1-1-10 Aomi, Koto-ku, Yurikamome Linie: Daiba 5 Min., https://mitsui-shopping-park.com/divercity-tokyo, geöffnet: Mo.-Fr. 11-20, Sa., So. 10-21 Uhr. Moderne Shopping Mall in Odaiba. Vor der Mall steht ein 18 m hoher Roboter.

117 [H8] **Itoya,** 2-7-15 Ginza, Chūō-ku, U: Ginza, ab Ausgang A1, 3 Min. zu Fuß, Tel. 3561-8311, www.ito-ya.co.jp, geöffnet: tägl. 11-20 Uhr. Achtstöckige Papeterie in Ginza. Schreibwaren-Liebhaber sind hier im siebten Himmel.

118 [B9] **Laforet Harajuku,** 1-11-6 Jingū-mae, Shibuya-ku, U-Bahn: Meiji-jingū-mae, Tel. 3475-0411, geöffnet: tägl. 11-21 Uhr. Einkaufshimmel für die Tokyoter Teenager. Über hundert Geschäfte auf sieben Stockwerken mit Museum im sechsten Stock.

119 [G8] **Kitte Marunouchi,** 2-7-2 Marunouchi, Chiyoda-ku, http://jptower-kitte.jp, geöffnet: täglich ab 11 Uhr. Shopping Mall im ehemaligen Hauptpostamt, das 1931 an der Tokyo Station gebaut wurde.

Shoppingareale

Die altmodischen Marktstraßen (Shōtengai, s. S. 79) sind im Kartenmaterial mit einer roten Fläche markiert.

050to Abb.: ok

Neben den ca. 100 Geschäften und Restaurants gibt es auch ein Informationszentrum für ausländische Touristen („Tokyo City i“, s. S. 107).

120 [G7] **Marunouchi Building,** 2-4-1 Marunouchi, Chiyoda-ku, Tokyo Station, Ausgang: Marunouchi, drei Minuten Fußweg, Tel. 5218-5100, www.marunouchi.com. Als „Maru Biru“ bekannter Einkaufskomplex mit „nur“ 37 Stockwerken. Im Vergleich zu Roppongi oder Shibuya ist hier das Publikum etwas älter. Liegt recht günstig auf dem Weg zum Kaiserpalast.

121 [B10] **Shibuya 109,** 2-29-1 Dogenzaka, Shibuya, JR Shibuya, Ausgang: Hachikō, www.shibuya109.jp, Tel. 3477-5111, geöffnet: tägl. 10-21 Uhr. Der runde Turm an der Kreuzung ist von Weitem sichtbar und ist eines der Wahrzeichen Shibuyas. Das Shibuya 109, oft auch „Maru-kyū“ genannt, ist ein Kaufhaus für Trendsetter und vollgestopft mit unzähligen Modegeschäften, die sich hauptsächlich an junge Frauen richten. Der Preis ist dementsprechend bezahlbar und die Kleidungsgrößen sind sehr japanisch. Viele junge Schülerinnen bummeln nach der Schule durch das Geschäft. Wer nicht viel für Shopping oder Urban Street Fashion übrighat, sollte das Shibuya 109 und die Straßenzüge im Umkreis meiden.

122 [B10] **Shibuya Hikarie,** 2-21-1, Shibuya, Tel. 5468-5892, www.hikarie.jp, Geschäfte 10-21 Uhr, Restaurants 11-23 Uhr. Direkt am Bahnhof Shibuya gelegenes Einkaufszentrum mit vielen Modegeschäften und Restaurants sowie einer Lebensmitteletage im Untergeschoss.

123 [E9] **Tokyo Midtown,** 9-7-1 Akasaka, Minato-ku, U-Bahn: Roppongi, Ausgang 8, www.tokyo-midtown.com, die Öffnungszeiten variieren je nach Geschäft. Tokyo Midtown ist fast eine kleine Stadt für sich: Der Komplex umfasst Wohnungen, Büros, Geschäfte, Restaurants, Museen, Parkanlagen und ein Luxushotel. Der Galleria genannte Bereich ist ein Einkaufsviertel mit vielen Luxusgeschäften.

Omamori sind Stoffbeutel und Glücksbringer in einem und ein beliebtes Souvenir

124 **Tokyo Solamachi,** 1-1-2 Oshiage, Sumida, U-Bahn: Oshiage (Skytree), Tel. 0570 550-102, www.tokyo-solamachi.jp, geöffnet: täglich ab 11 Uhr. Shoppingmall unter dem Tokyo Skytree. Hier gibt es auch viele Geschäfte, die Souvenirs anbieten, wie zum Beispiel japanische Räucherstäbchen, Sushi-Magnettafeln und natürlich auch Hello-Kitty-Zubehör.

125 [B9] **Tokyu Hands,** 12-18 Udagawachō, Shibuya, JR: Shibuya, Tel. 5489-5111, www.tokyu-hands.co.jp, tägl. 10-20.30 Uhr. Ursprünglich eine Kette rund ums Heimwerken und für Eigenbau-Fans, inzwischen aber auch mit Merchandising-Produkten, Souvenirs, Schreibwaren, Spielzeug und Badezubehör.

126 [G9] **Uniqlo,** Ginza, 6 Chome-9-5 Ginza, Chūō-ku, U-Bahn: Ginza, Ausgang A2, von dort zwei Minuten zu Fuß, Tel. 6252-5181, www.uniqlo.com, geöffnet: tägl. 11-21 Uhr. Uniqlo gehört zu den international erfolgreichsten Konzernen der Modebranche. Uniqlos 12-stöckiger Flagship-Store in Ginza verfügt über 50.000 Quadratmeter Verkaufsfläche – und jede Menge Kunden, egal zu welcher Zeit. Viele weitere Filialen findet man quer über Tokyo verstreut.

Omiyage-Kultur

Omiyage könnte zu den ersten japanischen Wörtern zählen, an die man sich aufgrund häufiger Nennung erinnern wird. Omiyage bedeutet **kleines Mitbringsel und Geschenk.** Ein **Omiyage ist nie fehl am Platz** und der erstaunte Europäer kann sich zu Beginn kaum ausmalen, wie viele Gelegenheiten es in Japan gibt, ein Omiyage unterzubringen. Es gibt eines, wenn man Freunde zum Abendessen trifft, wenn ein Bekannter aus dem Urlaub zurückkommt, wenn man mal zufällig in der Gegend ist und natürlich ganz besonders bei offiziellen Anlässen. Als Omiyage eignet sich eigentlich alles: von Blumen über Schokolade bis hin zum Souvenir aus der Heimat.

Wer sich tiefer auf die japanischen Geschenke-Rituale einlassen will, wird früher oder später auf **O-kaeshi** stoßen, das Gegengeschenk zum Geschenk. Bei Hochzeiten, Geburtstagen oder großen Partys, zu denen die Gäste Geschenke mitbringen, werden gleichzeitig wiederum kleine Geschenke an die Gäste verteilt. Dies muss nicht unbedingt zur gleichen Zeit erfolgen, das Überreichen eines kleineren Geschenks im Gegenzug gilt als höflich und kann bei einer anderen Gelegenheit nachgeholt werden – der japanische Kalender (s. S. 84) bietet Möglichkeiten dazu.

Elektronikgeschäfte und Discount Stores

Als Einkaufsviertel für Elektronikwaren eignen sich besonders Akihabara und Shinjuku (s. S. 30). Fast jedes Elektronikgeschäft bietet einen Duty-Free-Service an. Viele Produkte hier sind sowohl für den japanischen als auch den internationalen Markt vorgesehen – trotzdem sind aufgrund von Anschlüssen etc. nicht alle Produkte in Deutschland verwendbar. Hier sollte man sich im Zweifelsfall vorher erkundigen.

Alternativ kann man Elektronik in den sogenannten Discount Stores kaufen – hier gibt es dann gleichzeitig auch Mode, Lebensmittel, Spielzeug oder Cosplay-Zubehör (s. S. 18) zu günstigen Preisen.

127 [H6] **Akky International,** 1-12-1 Sotokanda, Chiyoda-ku, JR/U-Bahn: Akihabara, drei Minuten Fußweg, Tel. 5207-5027, http://akky-jp.com, geöffnet: tägl. 9.30-19.30 Uhr. Elektrogeschäft in Akihabara, das sich auf ausländische Gäste spezialisiert hat. Viele der Verkaufsgeräte sind passend für die Nutzung im Ausland. Eine Beratung auf Englisch ist möglich.

128 [B6] **Bic Camera,** 2-7F Shinjuku Halc, 1-5-1 Nishi-Shinjuku, Shinjuku-ku, am Bahnhof Shinjuku (westl. Ausgang), Tel. 5326-1111, www.biccamera.co.jp, geöffnet: tägl. 10-21 Uhr. Hightech auf riesiger Verkaufsfläche – ein Rundgang hier ist wie ein Trip durch Japans angesagteste Technologien.

129 [H5] **Don Quijote Akihabara,** 4-3-3 Sotokanda, Chiyoda-ku, JR/U-Bahn: Akihabara, fünf Minuten, Tel. 5298-5411. Eigentlich ein Discounter, gleichen die Don-Quijote-Kaufhäuser eher einem Erlebnispark. Vom Unterhemd bis zum Reiskocher, von der Batterie bis zur Cosplay-Mode (s. S. 18) gibt's hier alles zum Billigpreis. Einige Geschäfte wie z. B. in Shinjuku oder Roppongi haben durchgehend geöffnet, sodass man hier vor allem nachts ein junges Publikum antrifft, für das ein Besuch zum lustigen Nachtleben zählt. Duty-Free-Service vorhanden. Filialen im Stadtgebiet:

130 [E9] **Don Quijote Roppongi,** 3-14-10 Roppongi, Minato-ku, U-Bahn: Roppongi, fünf Minuten, Tel. 5786-0811

131 [B6] **Don Quijote Shinjuku,** 1-16-5 Kabuki-chō Shinjuku-ku, JR/U-Bahn: Shinjuku, zehn Minuten zu Fuß, Tel. 5291-9211, www.donki.com, geöffnet: tägl. 24 Stunden

132 [H5] **Robot Shop Technologia,** 302 Sakae Bldg., 2-10-1 Sotokanda, Chiyoda-ku, U-Bahn: Suehiro-cho, 5 Min. zu Fuß, Tel. 6206-8383, www.technologia.co.jp, geöffnet: Fr.-Mi. 9-17 Uhr. Ein Laden voll mit Robotern und Zubehör – sehr freundlicher und zuvorkommender Chef, der einem die neusten Roboter-Bastelsets zeigt und die schönsten Exemplare grazil per Fernsteuerung durch den Laden laufen lässt.

133 [H5] **Sofmap AKIBA,** 3-13-12 Sotokanda, Chuyoda-ku, JR/U-Bahn: Akihabara, 5 Min. zu Fuß, www.sofmap.com, geöffnet: Mo.-Fr. 11-21 Uhr, Sa., So. 10-21 Uhr. Computer, Tablets, Smartphones und Spiele – neu oder in gebrauchter Variante. Hier kann man auch VR-Gaming ausprobieren. Mehrere Filialen um die Ecke.

134 [H6] **Yodobashi Camera AKIBA,** 1-1 Kanda Hanaokacho, Chiyoda-ku, JR/U-Bahn: Akihabara, eine Minute zu Fuß, Tel. 5209-1010, www.yodobashi.com. Vergleichbar mit Bic Camera (s. l.): Elektronik- und Fotozubehör, Computer etc. Für Amateure und Profis gleichermaßen.

135 [B6] **Yodobashi Camera Shinjuku,** 1-11-1 Nishishinjuku, Shinjuku-ku, JR/U-Bahn: Shinjuku, Ausgang Higashi (Ost), von dort zwei Minuten zu Fuß, Tel. 3346-1010, geöffnet: tägl. 9.30-22 Uhr

Manga, Anime und Spielzeug

Das Zentrum für den Kauf von Anime- und Manga-Artikeln ist Akihabara (s. S. 33). Für alle, die sich eher der „Kawaii-Kultur" (s. S. 93) verschrieben haben – wie z. B. Hello Kitty & Co – für die ist Harajuku (s. S. 16) ein guter Ort.

136 [H6] **Gamers,** 1-14-7 Sotokanda, Chiyoda-ku, JR/U-Bahn: Akihabara, eine Minute, Tel. 5298-8720, www.anibro.jp, geöffnet: tägl. 9-22 Uhr. Ein Tempel für die Otaku-Gemeinde (s. S. 33) – voll mit Anime, Manga, PC-Spielen und Zubehör. Einige seltene Kollektionen werden hier ziemlich teuer gehandelt.

137 [B9] **Kiddy Land,** 6-1-9 Jingu-mae, Shibuya-ku, U-Bahn: Meiji-Jingūmae, Tel. 3409-3431, www.kiddyland.co.jp, tägl. 11-20 Uhr. Für alle Fans von Hello Kitty und den neusten Kawaii-Produk-

Mein Tipp

Nakano-Broadway

Ablenkung (fast) ausgeschlossen: Wer sich ganz auf den Einkauf seiner Anime-Artikel konzentrieren möchte, der sollte den Nakano-Broadway besuchen. Der gesamte Komplex beheimatet viele verschiedene Geschäfte mit Anime von A bis Z und ist damit der Einkaufstempel schlechthin für die Anhänger dieser Subkultur. Der japanische Star-Künstler Takashi Murakami hat im Nakano-Broadway seinen Souvenir-Laden eröffnet. Hier herrscht die Harmonie des Chaos.

142 **Nakano-Broadway,** 5-52-15 Nakano, JR Nakano, Nordausgang, Tel. 3388-7004, www.nbw.jp. Die Öffnungszeiten variieren je nach Geschäft – die meisten sind allerdings von 12 bis 20 Uhr geöffnet.

ten. Hier gibt es auf fünf Stockwerken Spielzeug en masse.

138 [H5] **Mandarake Complex,** 3-11-12 Sotokanda, Chiyoda-ku, JR/U-Bahn: Akihabara, fünf Minuten zu Fuß, Tel. 3252-7007, www.mandarake.co.jp, geöffnet: tägl. 12-20 Uhr. Acht Etagen voll mit Anime-Figuren, Superhelden, Comics und Spielen – neu und gebraucht. Viele Sammlerstücke.

100-Yen-Geschäfte

100-Yen-Geschäfte sind ein guter Tipp, um den **Aufenthalt in Tokyo günstiger** zu gestalten. Denn hier kostet fast alles 100 ¥: egal ob Lebensmittel, Haushaltszubehör, Batterien, Socken, Souvenirs etc. – die Mehrwertsteuer kommt neuerdings noch oben drauf, jedoch sind die Produkte oft immer noch sehr viel günstiger als in einem gewöhnlichen Supermarkt. Die Geschäfte findet man oft in Einkaufsstraßen. Die Ketten mit den meisten Filialen sind Daisō und Can Do. Lawson 100 gibt es überwiegend in Wohngegenden, da diese Kette hauptsächlich Lebensmittel anbietet.

139 [B6] **Can Do Shinjuku Pepe,** 1-30-1 Kabuki-chō, Shinjuku, JR/U-Bahn: Shinjuku, Ausgang Higashi (Ost), fünf Minuten, Tel. 3202-1160, www.cando-web.co.jp, geöffnet: tägl. 11-22 Uhr. Alles, was man für 100 ¥ bekommen kann – auf der Etage 8F des Einkaufszentrums Shinjuku Pepe in Kabuki-chō.

140 [B8] **Daisō Harajuku,** 1 Chome-19-24 Jingumae, Shibuya, JR Harajuku, drei Minuten zu Fuß, Tel. 5775-9641, www.daiso-sangyo.co.jp, geöffnet: tägl. 10-21 Uhr. Eine der rund 250 Filialen in Japan liegt verkehrsgünstig in der Takashita-dōri. Auf 990 Quadratmetern Verkaufsfläche gibt es Nützliches wie Unnützes gleichermaßen – perfekt auch für kleine Mitbringsel, die nicht viel Platz im Koffer wegnehmen.

Sake und Tee

Japanischer Sake (s. S. 53) und japanischer Tee sind auch in Europa populär geworden – warum also nicht vor Ort ein paar Spezialitäten testen? Ein erster Anlaufpunkt sind die **Lebensmittelabteilungen in den Warenhäusern** – besser und besonderer wird es aber bei den Spezialisten, die den Kunden mit Hintergrundinfos zu den einzelnen Köstlichkeiten versorgen.

141 [G7] **Hasegawa Saketen,** B1F Palace Hotel, 1-1-1 Marunouchi Chiyoda-ku, Tel. 5220-2828, www.hasegawasaketen.com, geöffnet: täglich 11-19 Uhr. Exzellentes Sake-Geschäft mit qualitativ hochwertigem Sake – auch in Mini-Flaschen erhältlich – und einer guten Auswahl. Natürlich kann man den Sake vorher an der Bar auch probieren. Der Laden befindet sich im Untergeschoss des Palace Hotel gleich vor dem Kai-

serpalast, weitere Filialen existieren im Solamachi (Skytree 20), in der Azabu-Jūban-Marktstraße [E10] und in der Tokyo Station [H7].

143 [G8] **Ippōdō,** 3-1-1 Marunouchi, Chiyoda, JR Hibiya, von dort fünf Minuten zu Fuß, Tel. 6212-0202, www.ippodo-tea.co.jp, geöffnet: tägl. 12-19 Uhr. Traditionelles und gut sortiertes Teegeschäft aus Kyoto. Hochwertige Grüntees, geröstete Tees etc. – und das alles immer in einer schönen Verpackung. Im Geschäft gibt es auch ein nettes Café, in dem man sich selbst Matcha (Pulver-Grüntee) zubereiten kann.

Kunsthandwerk und Kunstgewerbe

Japanisches Kunsthandwerk ist wegen seiner **hohen Qualität** und seiner **besonderen Ästhetik** weltweit hoch angesehen. Japanische Messer, Schwerter, Papier, Porzellan oder Kimonos – wer sich damit beschäftigt, taucht in eine ganz eigene Welt ein. Eine Welt, die aus großen Meistern, sehr viel Tradition und ein bisschen Moderne besteht.

Jeder große Department Store (s. S. 71) hat eine gute Auswahl an Kunsthandwerksprodukten und auch eine eigene Abteilung für Kimonos, in denen Japanerinnen ihre maßgeschneiderten Exemplare bestellen. Auch in einigen Museumsläden, wie etwa im Nationalmuseum Tokyo 15, findet man einige gute Kunsthandwerk-Kollektionen. Wer zu einem Spezialisten möchte, wird hier fündig:

144 [H5] **2k540 Aki-Oka Artisan,** 5-9 Ueno, Taitō-ku, 5 Min. von Akihabara, Tel. 6806-0254, www.jrtk.jp, geöffnet: Do.–Di. 11-19 Uhr. Schöner, moderner Ort für Kunsthandwerk. In den minimalistischen Arkaden unter der JR-Bahnlinie versammeln sich die jungen und erfolgreichen Designer Tokyos. Einige Läden fungieren auch als Ateliers der Künstler und Designer, in denen man sehr intime Einblicke in deren Schaffenswelt bekommt. Unter ihnen ist zum Beispiel die junge Textil-Designerin Hiroko Takahashi, die hier ihre eigene Kimono-Kollektion „Hirocoledge" präsentiert und gerne über den Einfluss der Stadt auf ihre Kollektionen spricht.

Hagoita: Kunsthandwerk als moderne Deko-Elemente

046to Abb.: ©Mariusz Prusaczyk, stock.adobe.com

145 [J4] **Edo Kiriko Ojima,** 2-3-2 Asakusa (in der Einkaufsstraße Denbōin-dōri), Taitō-ku, U-Bahn: Asakusa, zehn Minuten zu Fuß, Tel. 5828-3996, www.edokiriko.jp. Edo-Kiriko ist das traditionelle Handwerk des Tokyoter Glasschnitts. Die Ojima-Familie stellt die kunstvollen Edo-Kiriko-Gläser schon seit mehreren Generationen her.

146 [H3] **Isetatsu Honten,** 2-18-9 Yanaka, Taitō-ku, U-Bahn: Sendagi, von dort zehn Minuten zu Fuß, Tel. 3823-1453, www.isetatsu.com, geöffnet: tägl. 10-18 Uhr. Alles rund um japanisches Papier – hier gibt es mehr als 100 verschiedene Papiersorten zur Auswahl und viele Kunden stehen gedrängt in dem kleinen Laden.

147 [F9] **Japan Sword,** 3-8-1 Toranomon, Minato-ku, U-Bahn: Toranomon, Ausgang 2, von dort fünf Minuten zu Fuß, Tel. 3434-4321, www.japansword.co.jp, geöffnet: Mo.-Sa. 10-17 Uhr. Original-Schwerter, Replica-Modelle und andere scharfkantige Vermächtnisse aus der Samurai-Zeit. Das Geschäft existiert bereits seit rund 100 Jahren. Hier wird auch auf Englisch beraten, weshalb der Laden die erste Adresse für Touristen ist, die Schwerter kaufen möchten.

148 [G8] **Kyūkyodō,** 5-7-4 Ginza, Chūō-ku, U-Bahn: Ginza, Ausgang 2, Tel. 3571-4429, www.kyukyodo.co.jp, geöffnet: tägl. 11-19 Uhr. Fachgeschäft für Maltuschen, japanisches Papier, Pinsel und Räucherstäbchen – alles von hoher Qualität. Tradition seit 1633 – in Kyoto belieferte Kyūkyodō einst schon die Kaiserfamilie.

149 [H9] **Nenohi Tsukiji,** 4-10-11 Tsukiji, Chūō-ku, U-Bahn: Tsukiji, Ausgang 1, von dort drei Minuten zu Fuß, Tel. 3544-4077, www.nenohi.co.jp, tägl. 8.15-15 Uhr. Spezialisiert auf Kochmesser, in der Nähe des Tsukiji-Fischmarkts gelegen. In der Nachbarschaft gibt es noch weitere Geschäfte für Kochmesser, sodass man sehr gut Qualität und Preise vergleichen kann.

150 [B9] **Oriental Bazaar,** 5-9-8 Jingūmae, Shibuya, U-Bahn: Meiji-Jingūmae, Tel. 3400-3933, www.orientalbazaar.co.jp, geöffnet: Fr.-Di. 10-18.30 Uhr. Sehr gute Anlaufstelle für Touristen – ein Laden voll mit japanischen Souvenirs. Die Produktpalette reicht von kitschigen T-Shirts bis hin zu wirklicher Handwerkskunst.

Auf japanischen Märkten gibt es viel zu entdecken

Antik- und Flohmärkte

Früher war die **Aoyama-Kottō-dōri** (also die „Aoyama-Antiquitäten-Straße“) [C9] das **Mekka für Händler und Sammler** von Antiquitäten aller Art. Seitdem die Mieten in Aoyama jedoch massiv gestiegen sind, findet man die Antiquitäten inzwischen eher auf den Antik- und Flohmärkten der Stadt. Handeln und Feilschen sind ausnahmsweise möglich.

151 [B6] **Hanazono-Schrein Flohmarkt,** 5-17-3 Shinjuku, Shinjuku-ku, U-Bahn: Shinjuku-sanchome, Ausgang E2, jeden Sonntag ab Sonnenaufgang bis Sonnenuntergang, nicht an Regentagen. Antikmarkt mit gebrauchten Kimonos, Keramik, Büchern und Trödel aller Art.

152 [G8] **Ōedo Antikmarkt,** Tokyo International Forum, 3-5-1 Marunouchi, Chiyoda-ku, JR Yūrakuchō, drei Minuten Fußweg, Tel. 5444-2157, http://antique-market.jp, jeden ersten und dritten Sonntag im Monat 9-16 Uhr. Einer der größten Antikmärkte Japans ist spezialisiert auf japanische Handwerkskunst.

Marktstraßen

Es gibt noch schöne altmodische Märkte und Marktstraßen – wenngleich man diese mitunter suchen muss. Man sollte in seiner Unterkunft nach **„Shōtengai“** fragen – also nach einer kleinen Marktstraße, in der normalerweise Leute aus der Umgebung ihren täglichen Einkauf erledigen.

Der wohl bekannteste Markt in Tokyo ist **Ameyoko** 12. Die touristischste Einkaufsstraße mit Souvenirs ist

MEIN TIPP

Shop 'n' Stop

In Tokyo finden sich viele Cafés, die Kauflustige für einen kurzen Stopp anpeilen können:

153 [H5] **Cafe Asan,** 5-9-9 Ueno, Taitō-ku, JR/U-Bahn: Akihabara, 5 Min., Tel. 6803-0502, www.cafeasan.jp, geöffnet: Do.-Di. 11.30-18 Uhr. Gemütliches Café in den Kunsthandwerksarkaden „2k540 Aki-Oka-Artisan“. Am Wochenende gibt es öfter lange Schlangen für die Soufflé-Hotcakes, die nach der Bestellung frisch zubereitet werden (man muss ca. 30 Min. warten). Daneben gibt es iPads auf dem Tisch, WLAN, Hängematten und ein gemischtes Publikum aus Nerds, Touristen und Menschen, die im Büro arbeiten. Eine Art Oase bei einem Einkauf in Akihabara.

154 [G8] **Ginza Kimuraya,** 4-5-7 Ginza, Chuo-ku, U-Bahn: Ginza, 5 Min., Tel. 3561-0091, www.ginzakimuraya.jp, geöffnet: tägl. 10-20 Uhr. Traditionelle Bäckerei in Ginza mit 150-jähriger Tradition. Spezialität des Hauses: An-Pan, ein weiches Brötchen mit Rote-Bohnen-Paste gefüllt, das man auch im Café (2F) bestellen kann. Vom Fensterplatz aus kann man die Hauptstraße beobachten. Noch eine Etage höher befindet sich ein Yoshuko-Restaurant (die japanische Interpretation von europäischer Küche). Im Restaurant bekommt man so viel frisch gebackenes Brot zum Essen serviert, wie man möchte.

155 [H7] **Saryō Tsujiri,** 10F, Daimaru, 1-9-1 Marunouchi, Chiyoda-ku, an der Tokyo Station, Tel. 3214-3322, www.giontsujiri.co.jp, geöffnet: täglich 10-20 Uhr. Das japanische Café direkt neben der Kimono-Abteilung im Daimaru Department Store ist für seine Kreationen aus und mit grünem Tee bekannt. Man kann den Blick über Ginza schweifen lassen und dazu ein Kännchen feinen Grüntees genießen oder den beliebten Grünteeeisbecher ausprobieren.

die **Nakamise-dōri**, direkt auf dem Weg zum Sensōji-Tempel (18) gelegen, außerdem gibt es die **Denbōin-dōri** [J4], welche die Nakamise-dōri kreuzt. Wer es etwas versteckter mag, sollte in die **Azabu-Jūban Shōtengai** [E10] gehen, die man hinter Roppongi Hills (37) findet. Nostalgischer und noch bodenständiger ist die **Yanaka-Ginza** (16) nördlich von Ueno.

Convenience Stores: 24 Stunden geöffnet

Praktischerweise kann man fast an jeder Ecke rund um die Uhr einkaufen: Dafür sorgen die コンビニ („**kombini**"), kurz und japanisiert für Convenience Stores. Die größten Ketten sind 7-Eleven, Lawson und Family Mart. Das Sortiment reicht von Zeitungen über Lebensmittel und Haushaltszubehör bis hin zu Fast Food. Die Auswahl ist kleiner als in normalen Supermärkten, der Preis etwas höher. Convenience Stores sind nichts für Gourmets, dafür aber sehr praktisch: Hier gibt es meist WLAN und einen Geldautomaten – und oft auch eine frei zugängliche Toilette.

Jidōhanbaiki – Getränkeautomaten

Die japanischen Getränkeautomaten (Jidōhanbaiki) findet man in Tokyo an jeder Ecke. Sie bieten neben den üblichen Softdrinks verschiedene Sorten grünen Tees, Kaffee und japanische Energiedrinks an. Die verschiedenen Kaffeedosen gibt es dabei meist in zwei Farben: Rot steht für warmen Kaffee, blau für kalten. Zusätzlich gibt es in den Automaten oft kleine Snacks wie zum Beispiel eine heiße Maissuppe oder Instant-Nudeln.

Tokyo zum Durchatmen

Tokyos Geschwindigkeit kann einen gelegentlich aus der Balance bringen. Wer großstädtisches Leben nicht gewohnt ist oder wer denkt, dass auch das öffentliche Leben in europäischen Metropolen stressig ist, der wird schon alleine aufgrund der Menschenmengen in Tokyo **Anpassungsprobleme** haben.

Trotzdem – oder vielleicht auch gerade deswegen – ist Raum zum Träumen und Entspannen. Wer sich in Tokyo bewegt, ist **anonym**, man verschwindet in der Masse. Niemand interessiert sich wirklich für das, was der andere um ihn herum macht. Das gibt Freiheiten – und die sollte man unbedingt genießen.

Wer die Empfindung verstärken will, sich als verlorenes Individuum ganz klein in einer riesigen Stadt zu fühlen, der sollte hoch hinaus. Dafür bietet sich zum Beispiel das **Observationsdeck** im Rathaus Shinjuku (28) an. Oder die **New York Grill & Bar** im **Park Hyatt Tokyo** (s. S. 120), von der aus man abends bestens die Lichter der Stadt bestaunen kann. Hier blickte schon Bill Murray in „Lost in Translation" auf die endlos wirkende Metropole und wunderte sich, was das hier – also in Tokyo – eigentlich alles sein und vor allem bedeuten soll ...

Parks

Klassischer sind die Entspannungsmöglichkeiten in den **Parks.** Das machen auch die Tokyoter selbst gerne. Der **Ueno-Park** (13) wurde 1872 als erster öffentlicher Park Japans eröffnet und ist das grüne Zentrum Tokyos. Hier lässt es sich gut relaxen – außer vielleicht zur Zeit der Kirschblüte (s. S. 85), denn dann ist der

Park hoffnungslos überfüllt. Dieser geschichtsträchtige Ort war auch Schauplatz der Entscheidungskämpfe rund um die Meiji-Restauration.

Direkt an den Kaiserpalast ❶ schließen die **kaiserlichen Gärten** an (皇居東御苑, Kōkyo Higashi Gyoen). Den Ostgarten erreicht man über das Otemon-Tor, etwas weiter oben gibt es einen kleinen Aussichtspunkt, der einen guten Blick über das kaiserliche Areal erlaubt. Hier lässt sich auch gut ein Nickerchen im Schatten der Bäume einlegen.

- **156** [F10] **Shiba-Park**, Minato City, 4-chōme, Shibakoen, U-Bahn: Shiba-Koen, Eintritt frei, rund um die Uhr geöffnet. Der Shiba-Park befindet sich am Fuße des Tokyo Tower ㊷. Er mag wie ein gewöhnlicher Park mit Rasenflächen und Blumenbeeten aussehen, aber in Wirklichkeit ist er ein Ort mit einer langen Geschichte, mit Muschelhügeln aus der Jomon-Periode und einem Grabhügel, der zwischen dem 4. und 5. Jh. erbaut wurde. Wenn man auf den 16 m hohen, von Grün umgebenen Hügel hinaufsteigt, vergisst man für einen Moment die Hektik Tokyos.
- **157** [K4] **Sumida Park**, Mukojima, Sumida-ku, U-Bahn: Asakusa, 10 Minuten Fußweg. Der Park am Sumida-Fluss ist berühmt für seine Kirschbaumallee und deswegen vor allem im Frühling sehr beliebt. Aber auch in den anderen Jahreszeiten ist dieser Ort ideal, um eine kleine Pause am Fluss einzulegen. Der Park liegt zwischen den Sightseeing-Hotspots Asakusa und Skytree.
- **158** [A8] **Yoyogi Park**, Yoyogi-Kamizono-cho, Jinnan 2-chōme, Shibuya-ku, JR Harajuku, 5 Min. Fußweg. Großer öffentlicher Park und grüne Oase in Shibuya.

Angenehme Temperaturen und wundervolle Farben: Der Herbst lässt die Parks und Gärten leuchten

Japanische Gärten

Japanische Gärten werden kunstvoll angelegt und sollen ein Gefühl von Harmonie und Einklang vermitteln. Sie bestehen in der Regel aus einem zentral gelegenen Teich, abfallenden Hügeln und Steinkombinationen in

Meine Tipps

Zazen in Tokyo

Einmal richtig Ausspannen mit Zen-Meditation? Auch in Tokyo hat man die Möglichkeit, die Erleuchtung jenseits der Worte und abseits der großstädtischen Hektik zu suchen.

- 164 **Tōshō-ji-Tempel,** 4-5-18 Yutaka-machi, Shinagawa-ku, 10 Fußminuten von U-Bahn Nakanobu, Mo.-Fr. 5-7, Sa. 6-8 Uhr, www.toshoji.com, Eintritt frei. Fünf Tage Vollzeit-Zen-Training im April und Dezember (15.000 ¥).

Joggen in Tokyo

Auch sportliche Betätigung im Freien ist in Tokyo möglich. Eine beliebte Joggingroute führt **rund um den Kaiserplast** (ca. 5 km) – hier joggen und entspannen sich vor allem viele Geschäftsleute nach der Arbeit. Manchmal so viele, dass es ziemlich voll wird.

Beliebt sind auch die Strecken im **Odaiba Seaside Park** (s. S. 68) entlang des Meers mit einer wahlweise 5 oder 7 km langen Strecke. Im Odaiba Marine House stehen kostenpflichtige Duschen und Schließfächer zur Verfügung.

066to Abb.: tcvb

scheinbar unendlichen Nuancen und Ausprägungen, die im Laufe der langen Geschichte Japans entwickelt wurden. Der beeindruckendste japanische Garten in Tokyo ist der Hama-Rikyū-Garten 27. Daneben gibt es aber im Stadtgebiet noch rund ein Dutzend weiterer und sehr sehenswerter Gärten, die alle ihren eigenen Stil ausgeprägt haben.

- 159 [J8] **Kiyosumi Garten**, 2, 3 Kiyosumi, Koto-ku, Kiyosumi-shirakawa Station, Ausgang A3. Die große Gartenanlage mit mehr als 4000 Bäumen wurde 1932 eröffnet. Die Wege um den Teich mit den kleinen Hügeln und Aussichtspunkten gelten als formvollendet.
- 160 [F5] **Koishikawa-Kōrakuen-Garten**, 1-6-6 Kōraku, Bunkyo-ku, Lidabashi Station. Der Garten wurde bereits im frühen Edo ab 1629 erbaut und weist in der Gartenarchitektur auch einige chinesische Einflüsse auf.
- 161 [G10] **Kyū-Shibarikyū-Garten**, 1-4-1 Kaigan, Minato-ku, JR Hamamatsu-chō, Ausgang Nord, 1 Minute Fußweg. Der schöne Garten wurde einst am Meer neben einer Fürstenresidenz errichtet. Heute ist er von rund 2000 Bäumen und von neu aufgeschüttetem Land und Wolkenkratzern umgeben. Dennoch bleibt er eine Oase für die gestressten Tokyoter.
- 162 **Mukōjima-Hyakkaen-Garten**, 3 Higashi-Mukojima, Sumida-ku, Higashi-Mukojima Station, 5 Minuten Fußweg. Der Blumengarten wurde im frühen 19. Jahrhundert angelegt, als Edos Kultur ihren Höhepunkt erreichte. Er beheimatet viele Aprikosen- und Kirschbäume, ebenso wie jede Menge Wildgräser.
- 163 [F2] **Rikugien Garten**, 6 Hon-Komagome, Bunkyo-ku, Komagome Station, 5 Minuten Fußweg. Klassischer japanischer Garten, der 1695 angelegt wurde. Insgesamt dauerte die Gartenkonstruktion sieben Jahre.

Sentō – Japans Badekultur

Wer in einem kleinen Hotel oder Ryokan übernachtet und sich mit einem Gemeinschaftsbad begnügen muss, hat vielleicht das Bedürfnis nach Extra-Badezeit. Dann ist die Zeit gekommen, um den Hotelbesitzer nach dem nächstgelegenen Sentō zu fragen.

Das Sentō ist ein **klassisches japanisches Badehaus.** Hier ist man also nie alleine – dafür hat man jede Menge Zeit und Platz für die eigene Körperpflege. Ein Sentō-Besuch ist vergleichbar mit einem Sauna-Besuch – man nimmt sich also auf jeden Fall ein paar Stunden Zeit dafür ...

Früher hatte jeder Stadtteil unzählige Sentōs. Privathäuser hatten kaum Badezimmer – das Wasser auf offenem Feuer zu erhitzen, war aufgrund der traditionellen Hausbauweise und dem zugehörigen Brandschutz lange Zeit verboten. Also ging man zum Baden in ein Sentō.

Das ist lange her – in den zurückliegenden Jahrzehnten ist die **Zahl der Sentōs stark zurückgegangen.** Doch inzwischen entdecken viele Anwohner ihre Liebe zu den wenigen verbliebenen Bädern neu – und auch die Stadt Tokyo hat bemerkt, dass diese traditionelle Badekultur besonders schützens- und liebenswert ist.

In den Sentōs sind die **Baderäume nach Geschlechtern getrennt.** Es gibt mehrere Becken, deren Wassertemperaturen meist sehr hoch sind. Bevor man ins Becken steigt, wäscht man sich an einem der Waschplätze gründlich. Wer sich nicht sicher ist, wie er sich verhalten soll, sollte es einfach den anderen um einen herum gleichtun. Manchmal gibt es auch noch ein **Dampfbad,** eine **Sauna** oder eine kleine **Freiluft-Naturlandschaft.** Das sollte man sich in Tokyo nicht entgehen lassen!

Der Eintritt kostet jeweils ca. 500 ¥. Shampoo, Handtücher etc. können vor Ort geliehen oder gekauft werden.

- **165** [E11] **Azabu Kokubisui Hot Spring Takenoyu,** 1-15-12 Minamiazabu, Minato, https://takenoyuazabu.wixsite.com/takeno-yu, Di.-Do., Sa., So. 15.30-23.30 Uhr, Eintritt: ab 550 ¥. Dieses kleine Badehaus in Roppongi wird von einheimischen Stammgästen wegen seines echten schwarzen Onsenwassers gern besucht. Auch eine Sauna (Aufpreis) ist verfügbar. Und hier, mitten in Tokyo, beschwert sich auch niemand über eventuelle Tattoos.
- **166** [G9] **Konparu-yu,** 8-7-5 Ginza Chūō-ku, U-Bahn: Ginza, 5 Minuten Fußweg, http://konparuyu.com, geöffnet: Mo.-Sa. 14-22 Uhr. Kleines Sentō inmitten der Ginza-Einkaufsstraße. Der Eingang befindet sich etwas versteckt hinter einem Getränkeautomat.
- **167** [J3] **Sakaeyu,** 1-4-5 Nihonzutsumi, Taito, JR Minowa 10 Min. http://sakaeyu.com, tägl. 14-23 Uhr, Eintritt: ab 550 ¥. Großartiges Sentō-Erlebnis in Minowa mit echtem Onsenwasser. Eventuelle Tattoos sind hier kein Problem.

KURZ & KNAPP

Mit Tattoo ins Badehaus

Tätowierungen können in Badehäusern zum Problem werden – müssen es aber nicht. Früher ließen sich in Japan praktisch ausschließlich Mitglieder krimineller Organisationen tätowieren, um ihre Loyalität auszudrücken. Dadurch war diese Art von Körperschmuck negativ konnotiert und viele Badehäuser verboten den Zutritt für tätowierte Menschen. Heutzutage nimmt auch in Japan die Zahl junger Menschen zu, die sich aus rein ästhetischen Gründen tätowieren lassen. Deswegen ist der Umgang der öffentlichen Badehäuser mit Tattoos in der Regel entspannter geworden.

017to Abb.: tcvb

Zur richtigen Zeit am richtigen Ort

Januar bis März

- **Neujahr (Oshōgatsu),** 1.–3.1.: Neujahr ist das wichtigste Fest in Japan. In der Silvesternacht und an den drei Neujahrstagen herrscht in den Schreinen Tokyos (vor allem im Meiji-Jingū 11) dichtes Gedränge. An den Neujahrsfeiertagen wird in den Familien traditionellerweise nicht gekocht, deswegen werden die Neujahrsgerichte schon im Vorfeld hergestellt. Oftmals reichen die Arbeiten in der Küche bis tief in die Nacht hinein.
- **Shinnen ippan sanga,** 2.1.: So nahe kommt man der kaiserlichen Familie sonst nie. Der Kaiserpalast 1 im Herzen Tokyos öffnet seine Tore und Mitglieder der Kaiserfamilie winken geduldig vom Balkon.
- **Tag der Volljährigkeit (Seijin-no-hi),** zweiter Montag im Januar: Dieser Feiertag gehört allen Jugendlichen, die im zurückliegenden Jahr ihren 20. Geburtstag feiern konnten – und somit nach japanischem Recht volljährig sind, was zum Wählen, Rauchen und Alkoholgenuss in der Öffentlichkeit berechtigt. Die meisten feiern diesen Tag bei Zeremonien im Rathaus 28 und auch im Tokyo Disney Resort (s. S. 111).
- **Valentinstag,** 14.2.: Anders als bei uns verschenken in Japan Frauen am Valentinstag Schokolade an Männer – der Tag ist besonders aufregend für alle Mädchen und Jungen, die ein Paar werden wollen. Eher als lästige Pflicht schicken viele berufstätige Frauen Schokolade an ihren Chef oder an ihre Kollegen. Diese Schokolade „ohne Liebe" nennt sich „Giri-Choko" – also Pflicht-Schokolade. Männer haben am „White Day" (14. März) die Gelegenheit, sich zu revanchieren: Normalerweise geschieht dies mit weißer Schokolade oder anderen Süßigkeiten, gelegentlich aber auch mit Dessous oder Designer-Handtaschen.
- **Hina-Matsuri:** Der 3. März ist in Japan Mädchen-Tag. Zum zugehörigen Hina-Fest holen die Mädchen ihre historischen Kaiser-, Minister- und Musiker-Puppen

Gehört zu Japan einfach dazu: die Kirschblüte im Frühjahr

aus den Kartons und geben ihnen einen schönen Platz im Haus. Viele Geschäfte und Hotels pflegen diese Tradition ebenfalls und dekorieren ihre Räume entweder nur mit zwei Puppen – dem Kaiserpaar – oder mit dem Hofstaat von bis zu 20 Puppen.

- **Kirschblüte (Hanami),** Ende März bis Anfang April: Hanami (wörtlich: „die Blüte betrachten", gemeint ist in diesem Fall die Kirschblüte) feiern viele Menschen mit einem Picknick unter den Kirschbäumen. Das Kirschblütenfest lässt sich am besten zusammen mit den Tokyotern im Ueno-Park 13 feiern.

April bis Juni

- **Internationale Anime Messe:** Meist Anfang April steigt die große Anime-Messe im Tokyo Big Sight, der Internationalen Ausstellungshalle. Wettbewerbe und Symposien setzen sich mit der modernen Anime-Kunst auseinander und Künstler präsentieren ihre interessantesten Arbeiten.
- **Goldene Woche:** Anfang Mai fallen einige Feiertage zur „Goldenen Woche", der Haupturlaubszeit für Japaner, zusammen. Die Züge sind in dieser Zeit überfüllt und touristische Ziele in Tokyo werden noch stärker frequentiert als sonst.
- **Tag des Kindes,** 5.5.: Anlässlich des Tags des Kindes flattern vielerorts in der Stadt *Koi Nobori* (Karpfenbanner) aus Stoff und Papier im Wind. Ursprünglich symbolisierten die einzelnen farbenfrohen Karpfenbanner die Mitglieder einer Familie und wurden an den Häusern gehisst. Heute trifft man *Koi Nobori* als rein dekorative Elemente u.a. auch in Fußgängerzonen an.
- **Sanja Matsuri,** 3. Wochenende im Mai: größtes und lautestes Festival in Tokyo. Menschenmengen versammeln sich an drei Tagen auf den Straßen Asakusas (s. S. 20) und jede Menge tragbare Schreine – Mikoshi – werden durch die Straßen geschleppt. Die größten Mikoshi wiegen bis zu 1000 kg und werden von 70 schwitzenden Männern getragen.

Juli bis September

- **Hōzuki-ichi,** 9./10.7.: Besonders geschäftiges Treiben am Sensōji-Tempel 18: Die 300 Stände bieten wie jedes Jahr ihre besten Hōzuki (Blasenkirschen) zum Verkauf an.
- **Feuerwerk:** Der Sommer ist die Zeit der prächtigen Feuerwerke in Tokyo. Dazu trifft man sich gerne mit Freunden und Kollegen, um dem Spektakel gemeinsam beizuwohnen. Das Sumidagawa Hanabitaikai findet am letzten Samstag im Juli am Sumida-Fluss 19 statt. Mitte August gibt es in der Bucht von Tokyo das Feuerwerk Tokyo-wan Dai Hanabi-Sai.
- **Obon-Fest,** 13.–16.8.: Nach buddhistischer Tradition können einmal im Jahr die Seelen der Verstorbenen zu einem Besuch nach Hause zurückkehren, wo sie mit einem kleinen Feuer empfangen werden. Deswegen werden vielerorts in Tokyo ab dem 13. August kleine Feuer entfacht. Für die buddhistischen Mönche ist die Zeit zwischen dem 13. und

016to Abb.: tcvb

Schöne Stimmung und viele Menschen: Matsuri-Zeit in Tokyo

16. August arbeitsreich, werden sie doch in viele Häuser gebeten, um am buddhistischen Altar ein Sūtra zu lesen. Am 16. August werden dann Abschiedslichter entzündet, um die Seelen der verstorbenen Verwandten wieder in die andere Welt zu entlassen. Üblicherweise haben japanische Firmen am Obon-Fest geschlossen.

- **Tokyo Kōenji Awaodori:** Großes Tanzfestival am letzten Wochenende im August rund um den Bahnhof JR Kōenji. 188 teilnehmende Gruppen, mehr als 12.000 Tänzer und jede Menge Publikum entlang der Straßen sorgen neben dem Asakusa Samba Carnival (ebenfalls Ende August) für eines der Festival-Highlights im Sommer.
- **Daradara Matsuri:** Traditionelles Festival Mitte September im Shiba-Daijingu-Schrein mit Parade, tragbaren Schreinen und viel Musik. An den Schrein-Ständen gibt es Amazake (s. S. 53).

Oktober bis Dezember

- **Hōnō-Sumo-Fest:** Zahlreiche Festivals würdigen Anfang Oktober den farbenfrohen Herbst. Die herbstlich roten Ahornblätter und die gelben Ginko-Bäume tauchen Tokyo in ein Farbenmeer. Das Hōnō-Sumo-Fest im Meiji-Jingū-Schrein 11 ist das größte seiner Art – der Yokozuna (s. S. 34) nimmt persönlich an der Zeremonie teil.
- **Chrysanthemen-Ausstellungen:** Von Mitte Oktober bis Mitte November gibt es in Tokyo viele Chrysanthemen-Ausstellungen, vor allem im Meiji-Jingū-Schrein und im Sensōji-Tempel 18.
- **Shichi-go-san,** 15.11.: ein Fest für drei-, fünf- und siebenjährige Kinder. Diese dürfen in Begleitung ihrer Eltern zum Schrein, die Schreinglocken werden geläutet und Priester bitten um Gesundheit und Erfolg für die Kleinen. Zu bewundern vor allem im Meiji-Jingū.
- **Weihnachten:** Weihnachten ist in Japan kein gesetzlicher Feiertag. Nichtsdestotrotz ist es weit verbreitet, sich an Weihnachten zu beschenken. Auch wird man in den Tagen um Weihnachten in Tokyo unvermeidlich auf Santa Claus, amerikanische Weihnachtslieder und auf jede Menge Weihnachtsdeko treffen. Denn auch für den japanischen Einzelhandel ist Weihnachten das wichtigste Geschäft im Jahr. Als Unterschied zu Europa lässt sich festhalten, dass Weihnachten in Japan eher das Fest der Paare und Verliebten und weniger das der Familie ist, die an Neujahr eine größere Rolle spielt.

Japanische Feiertage im Überblick

Fällt ein Feiertag auf einen Sonntag, so ist der folgende Montag arbeitsfrei. An den Feiertagen haben **viele staatliche Institutionen und Museen geschlossen.**

- 1.–3. Januar: Neujahr
- Zweiter Montag im Januar: Tag der Volljährigkeit
- 11. Februar: Tag der Staatsgründung
- 23. Februar: Geburtstag des Kaisers
- 20. (bzw. 21.) März: Frühjahrsanfang
- 29. April: Showa-Tag
- 3. Mai: Tag der Verfassung
- 4. Mai: Tag der Umwelt
- 5. Mai: Tag des Kindes
- 3. Montag im Juli: Tag des Meeres
- 11. August: Tag des Berges
- 3. Montag im September: Tag des Alters
- 23. (bzw. 24.) September: Herbstanfang
- Zweiter Montag im Oktober: Tag des Sports und der Gesundheit
- 3. November: Tag der Kultur
- 23. November: Tag der Arbeit und Erntedankfest

TOKYO VERSTEHEN

018to Abb.: ok

Tokyo – ein Porträt

Tokyo ist ein Ort, an dem Tradition und Moderne aufeinandertreffen – und das sehr oft in Form von Superlativen. Alles ist hier ein bisschen größer, als man es sonst gewohnt ist. Das spiegelt sich im Stadtbild wieder und zeigt sich auch in Hinblick auf nackte Zahlen: Das Stadtgebiet beheimatet rund 13 Millionen Einwohner, die gesamte Metropolregion 35 Millionen. Mit der Tokyoter U-Bahn sind täglich mehr als 8 Millionen Menschen unterwegs – das sind mehr Fahrgäste als in New York und London zusammengerechnet.

Tokyo (jap. 東京) bedeutet wörtlich übersetzt **„östliche Hauptstadt"**. Grund hierfür ist, dass bis 1868 die Hauptstadt Japans im Westen des Landes lag. Tokyo löste damals Kyoto ab, das von 794 bis 1868 Hauptstadt und Sitz des Kaisers war. Im Vergleich zu Kyoto ist Tokyo also eine noch verhältnismäßig junge Hauptstadt.

Japan ist zentralistisch organisiert. Tokyo ist das **politische und finanzielle Zentrum Japans**, und zugleich Herzstück der japanischen Industrie und des Handels. Tokyo alleine würde zu den zehn führenden Industrienationen weltweit gehören. Außerdem beheimatet die Stadt die renommiertesten Universitäten, Forschungseinrichtungen und Theater des Landes.

Dementsprechend groß ist die Anziehungskraft der Stadt. Vor allem junge Menschen strömen in die Stadt, um entweder an einer der begehrten Universitäten zu studieren oder um in den großen Konzernzentralen der Unternehmen eine Arbeit aufzunehmen. Deswegen ist es auch besonders **schwer, einen echten Tokyoter kennenzulernen.** Als echter Tokyoter, so sagt man, darf man sich

◁ *Vorseite: Tokyo ist eine Stadt voller Kontraste*

072to Abb.: oben901, stock.adobe.com

fühlen, wenn man in der dritten Generation in Tokyo lebt: *Edokko* nennt man diese Menschen, was so viel bedeutet wie „Kind von Edo".

Die **Tokyoter** zu charakterisieren, ist nicht einfach. Sie sind Hauptstädter, weltstädtisch, das auf jeden Fall. Alles muss schnell gehen – nicht umsonst wurde hier einst Nigiri-Sushi (s. S. 50) als japanisches Fast Food erfunden. Im übrigen Japan werden sie gerne als „iki" bezeichnet – was soviel wie chic und stylisch bedeutet. Damit ist auch verbunden, dass sie ihren Charakter nicht gleich jedermann offenbaren und dass sie darauf auch noch ein bisschen stolz sind.

Tokyo ist urban, verschmilzt mit Städten der Umgebung, ist von bis zu 2000 Meter hohen Bergen im Westen umgeben – und ist sogar **Weltnaturerbe.** Wie das? Das verdankt Tokyo den Ogasawara-Inseln. Diese liegen rund 1000 Kilometer südlich von Tokyo, bestehen aus rund 30 einzelnen Inseln, bieten eine einzigartige Tier- und Pflanzenwelt – und unterstehen der Tokyoter Stadtverwaltung.

Tokyo in Zahlen

- **Gegründet:** 1603 (als Edo)
- **Einwohner Tokyo-Stadt:** 13 Millionen
- **Einwohner Metropolregion Tokyo:** 38 Millionen
- **Fläche:** 2187 km²
- **Stadtbezirke:** 23
- **Bahnhöfe:** 720, davon 285 U-Bahn-Stationen
- **Tage pro Jahr, an denen man von Tokyo aus den Fuji 44 sehen kann:** 79
- **Anzahl der Restaurants:** ca. 100.000

38 Millionen Menschen leben heute im Großraum Tokyo

Von den Anfängen bis zur Gegenwart

- **10.000–300 v. Chr. (Jōmon-Zeit):** Ausgrabungen haben gezeigt, dass bereits zur Jōmon-Zeit erste Siedlungen in der Kantō errichtet wurden, also im Gebiet des heutigen Tokyo.
- **628** wird der Sensōji-Tempel (18) errichtet. Dies markiert das früheste Datum, das auf kulturelle Errungenschaften in dieser Region schließen lässt.
- Im **12. Jahrhundert** taucht zum ersten Mal der Name Edo auf, als ein Mitglied der einflussreichen Taira-Familie zwischen den Mündungen des Sumida (19) und des Hirakawa ein Anwesen erbauen lässt und den Ort Edo („Flussmündung") und sich selbst Edo Shigenaga nennt. Einer seiner Söhne heißt Shibuya, so wie der heutige Stadtteil.
- **1457:** Der Daimyō (Herrscher aus der Feudalzeit) Ōta Dōkan lässt an der Stelle, an der heute der Kaiserpalast (1) steht, eine Burg errichten. Ōta Dōkan gilt daher als eigentlicher Gründer der Stadt.
- **1590:** Nach zahlreichen Machtkämpfen dominiert gegen Ende des 16. Jahrhunderts Hideyoshi Toyotomi die Geschicke des Landes, seine Macht-Zentren waren Kyoto und Osaka. Seinem Weggefährten Ieyasu Tokugawa bietet er als Belohnung für dessen Unterstützung die Burg in Edo an, was einen Aufstieg ganz Edos zur Folge hat.

KURZ & KNAPP

Kleines Geschichts-Glossar

- **Amaterasu:** Sonnengöttin, höchste Gottheit der japanischen Mythologie und Ahnin des japanischen Kaisers
- **Daimyō:** Herrscher zur Feudalzeit
- **Shōgun:** Herrscher des Shogunats, dem alle Daimyō und Samurai die Treue schworen
- **Tennō:** der japanische Kaiser

- **1603** wird Ieyasu Tokugawa zum Shōgun ernannt. Edo als Hauptsitz des Shogunats wird zu einem wichtigen Machtzentrum, während der machtlose Tennō weiterhin in Kyoto residiert. Edo erlebt einen politischen und wirtschaftlichen Boom. Tokugawa verlangt von den Daimyōs des Landes, dass diese in Tokyo ihre Residenz errichten und sich ihre Familien in Tokyo aufhalten müssen, was vor allem der Machtsicherung des Shogunats dient und als Nebeneffekt einen gesellschaftlichen Boom bewirkte.
- **1657** zählt Edo bereits 400.000 Einwohner. Ein großes Feuer wütet drei Tage lang in der Stadt, über 100.000 Menschen kommen ums Leben. Drei Viertel Edos, so schätzt man, werden vernichtet, darunter ein großer Teil des Schlosses, viele Hunderte Tempel, Schreine sowie Daimyō- und Samurai-Häuser. In den neuen Plänen der Stadtbebauung werden Freiräume für Feuerschneisen einkalkuliert, doch mit der rasch wachsenden Bevölkerungszahl gehen die freien Flächen zurück und die Gefahr von Großbränden steigt wieder.
- **1853:** Mit der Ankunft Commodore Perrys in der Bucht von Tokyo beginnen Auseinandersetzungen um die Öffnung des Lands, der sich das Tokugawa-Shogunat jahrhundertelang verweigert hatte. Die Macht des Shogunats schrumpft und die kaiserlichen Meiji-Truppen gewinnen die Oberhand.
- **1868 Meiji-Restauration:** Kaiser Meiji verlegt den Sitz des Kaiserhofes von Kyoto nach Edo und benennt die Stadt in Tokyo um, was übersetzt „östliche Hauptstadt" bedeutet.
- **1898:** Marunouchi rund um den Kaiserpalast (1) wird das neue Zentrum der Stadt. Hier entstehen die ersten Geschäfte und Passagen, hier entsteht

Tokyo nach Fukushima – (k)ein Problem?

Am 11. März 2011 ereignete sich um 14.46 Uhr Ortszeit vor der Ostküste Japans mit einer Stärke von 9,0 auf der Richterskala eines der stärksten je gemessenen Erdbeben. Das Epizentrum befand sich rund 370 km nordöstlich von Tokyo. Infolge des Erdbebens bildeten sich mehrere Tsunamis, insgesamt kamen dabei mehr als 18.000 Menschen ums Leben.

Erdbeben und Tsunami waren aber erst der Beginn einer Katastrophe, deren Folgen noch über Jahre und Generationen zu spüren sein werden. Der am Meer gebaute Reaktor Fukushima I wurde von einer ca. 14 m hohen Flutwelle getroffen, die Höhe der Schutzmauer betrug aber lediglich 5,70 m. In drei der sechs Reaktoren fanden Kernschmelzen statt.

Schnell geriet die Lage außer Kontrolle – allen Dementis seitens der Betreibergesellschaft Tepco (Tokyo Electric Power Company) und der japanischen Regierung zum Trotz. Durch gewaltige Explosionen wurde Radioaktivität freigesetzt – was sich im Erdreich und im Grundwasser unter den Reaktoren abspielte, weiß bis heute niemand genau. Früh begann die Skepsis gegenüber der Informationspolitik der japanischen Behörden, der Regierung und der Aufsichtsbehörden. Früh erhärtete sich der Eindruck, dass hier verharmlost und vertuscht wurde. Noch Monate nach der Katastrophe verneinte die Atomaufsicht beispielsweise, dass es zu Kernschmelzen gekommen sei. Erst Jahre später korrigierte Tepco seine früheren Angaben. Doch bis heute gilt: Die Verantwortlichen geben nur zu, was ohnehin schon längst in der Öffentlichkeit bekannt ist.

Das Evakuierungsgebiet um Fukushima hat einen Radius von 20 km, Tokyo trennen von Fukushima rund 230 km. Also kein Problem, oder doch? Wie viel Radioaktivität letztlich freigesetzt wurde, darüber gehen die Meinungen noch immer auseinander. Fest steht, dass der Wind in den Tagen nach dem 11. März 2011 den Großteil der radioaktiven Wolke auf das Meer trieb – rund 80 Prozent regneten über dem Pazifik ab. Glück im Unglück hatte Tokyo, als am 15. März die radioaktive Wolke über die Hauptstadt hinwegzog, es an diesem Tag aber nicht regnete.

Die Lebensmittelkontrollen wurden daraufhin japanweit verschärft, sodass die Tokyoter Behörden davon sprechen, dass „alle im regulären Handel erhältlichen Lebensmittel als radiologisch unbedenklich angesehen werden".

das erste Rathaus. Zu jener Zeit zählt Tokyo bereits 1,5 Millionen Einwohner, mehr als jede andere Stadt der Welt.

- Im **Ersten Weltkrieg** kämpft Japan an der Seite der Alliierten.
- **1923:** Am 1.9. wird Tokyo von einem verheerenden Erdbeben erschüttert. Die Bewohner Tokyos bzw. Edos sind an Naturkatastrophen gewöhnt, doch das „Große Kantō-Erdbeben" ist schlimmer als alle anderen zuvor: 140.000 Menschen kommen bei dem Beben ums Leben, die Stadt wird in Schutt und Asche gelegt. Das Beben ereignet sich an einem trockenen Tag zur Mittagszeit, ein Feuer breitet sich rasch über die Straßen und die Holzhäuser aus. Der Wiederaufbau dauert sieben Jahre, 200.000 neue Gebäude entstehen in dieser Zeit.

073to Abb.: Takashi Images, stock.adobe.com

- **1937:** Die imperialistische Militärregierung führt Japan durch ihre aggressive Außenpolitik in den Zweiten Weltkrieg. Ihr Hauptquartier befindet sich in Tokyo, weshalb die Stadt im Zweiten Weltkrieg zum Ziel amerikanischer Bomber wird. Erste Luftangriffe beginnen im November 1944, die Angriffe vom 25. Februar und vom 9. und 10. März 1945 bringen große Verluste mit sich. Schätzungsweise 130.000 Menschen kommen durch die Angriffe und die durch sie ausgelösten Brände ums Leben.
- **15.8.1945:** Der Tennō verkündet die bedingungslose Kapitulation Japans
- **1946:** Die neue Verfassung wird ausgerufen. Diese sieht vor, dass der Tennō auf seinen göttlichen Status verzichtet, während die Alliierten im Gegenzug weder die Kaiserwürde antasten noch den Staatsapparat auflösen.
- **1946–1948:** Bei den Tokyoter Prozessen werden ehemalige Ministerpräsidenten, Generalstabschefs, Minister und Amtsträger des Militärs wegen Kriegsverbrechen und Verbrechen gegen die Menschlichkeit zum Tode bzw. zu langen Haftstrafen verurteilt.
- **1955** hat Tokyo bereits 6 Millionen Einwohner.
- **1964** rücken die Olympischen Sommerspiele Tokyo ins Licht der Weltöffentlichkeit.
- **1980er-Jahre:** Die Grundstückspreise in Tokyo explodieren, da die Stadt das Zentrum des landesweiten wirtschaftlichen Aufschwungs ist. Während des „Bubble Age“ ist der Quadratmeterpreis nirgendwo sonst auf der Welt teurer als in Tokyo. Die große Spekulationsblase platzt 1990.
- **1995:** Mitglieder der Aum-Sekte (Ōmu Shinrikyō) verüben einen Giftgas-Anschlag auf die Tokyoter U-Bahn – 13 Menschen sterben, mehr als 6000 werden verletzt.
- **2011:** Das große Erdbeben vom 11.3. lässt auch in Tokyo die Gebäude erschüttern, führt aber zu keinen größeren Schäden. Vier Tage später zieht eine radioaktive Wolke von Fukushima über Tokyo hinweg – zum Glück für Tokyo regnet es an diesem Tag nicht, sodass die Stadt vom radioaktiven Fallout verschont bleibt. Tokyo liegt nur rund 230 Kilometer von Fukushima entfernt.
- **2019:** Erstmals in der Geschichte Japans dankt der Kaiser ab. Tennō Akihito geht, sein Nachfolger im Kaiserpalast 1 wird sein Sohn Naruhito.
- **2020/2021:** Aufgrund der Coronapandemie werden die Olympischen Spiele auf 2021 verschoben und dann größtenteils ohne Publikum ausgetragen.
- **2023:** Ende der Corona-Auflagen. Als eines der letzten Länder weltweit hebt Japan im Mai 2023 die Corona-Impfpflicht bei der Einreise auf.

Nachbildung einer typischen Straße in Ginza in der Meiji-Ära (s. S. 90) im Edo-Tokyo Museum 36

Leben in der Stadt

Die Coronapandemie hat auch in Tokyo ihre Spuren hinterlassen: Sehenswürdigkeiten mussten aufgrund ausbleibender Besucher schließen, Museen ebenso, Restaurants auch, Bars sowieso. Dabei hat es verstärkt die kleinen, ohnehin schon raren, unabhängigen Cafés und Kneipen getroffen – die großen Café- und Restaurantketten scheinen die pandemischen Zeiten besser überstanden zu haben.

So muss sich Tokyo neu erfinden – wieder einmal. Denn in der atemberaubenden Metropole ist nichts so beständig wie der **Wandel.** In einer Stadt, deren Bewohner an überbordende und extravagante Angebote ebenso gewöhnt sind wie an vom Zen-Buddhismus inspirierte Stätten der Ruhe und Entschleunigung, ist die Erfindung des Neuen und Außergewöhnlichen eine alltägliche Herausforderung.

In Tokyo gibt es mehr **Restaurants mit Michelin-Sternen** als in irgendeiner anderen Stadt auf der Welt. Die Sterneküche in Tokyo bietet dabei neben japanischen Spezialitäten wie Kaiseki, Sushi, Tempura, Yakitori oder Rāmen auch französische, italienische und chinesische Küche auf Topniveau.

Vor einiger Zeit entdeckte man in Tokyo, dass man mit sogenannten **Meido-Cafés** 32 gute Geschäfte machen kann. In Meido-Cafés werden Manga- und Anime-Figuren in Form von perfekt gestylten Bedienungen lebendig, die die Herzen von Manga- und Technik-Nerds höher schlagen lassen. Kultur, Fashion und Business bildeten hier eine für Japan perfekte Symbiose.

Eine konsequente Weiterentwicklung ist die jüngste **Kawaii-Kultur.** Kawaii steht für „niedlich", „süß" oder „liebenswert", für die völlige Abwesenheit negativer Merkmale – man denke nur an die völlig „charakterlosen" Hello-Kitty-Figuren. Die Freundin, das Stofftier, die Deko, das Auto,

MEIN TIPP

Arbeiten in Tokyo/ Working Holiday Visa

Für Personen mit geringen japanischen Sprachkenntnissen sind die Arbeitsmöglichkeiten in Tokyo zweifelsohne beschränkt. Viele der in Tokyo tätigen Ausländer arbeiten an Sprachschulen, in der IT, für internationale Unternehmen oder auch in medizinischen und pflegerischen Berufen.

„Working Holidays" ist das zwischen Japan und Deutschland vereinbarte offizielle Austauschprogramm, das allen Jugendlichen zwischen 18 und 30 Jahren einen bis zu 12-monatigen Aufenthalt in Japan ermöglicht. Das Working-Holiday-Visum ist rechtzeitig vor Reiseantritt, also mindestens zwei Wochen vorher, zu beantragen. Mithilfe des Visums kann dann in Tokyo einer Arbeit nachgegangen werden.

Einzelheiten zu den Formalitäten oder Anlaufstellen für die Jobsuche erhält man bei der Deutschen Botschaft oder bei den Beratungsstellen der Japan Association for Working Holiday Makers. Das Büro in Tokyo bietet auch eine Beratung auf Deutsch an.

i 168 [B6] **Japan Association for Working Holiday Makers,** 507 Shinagawa station Bldg, 1-3-3 Nishishinjuku, Shinjuku-ku, Tokyo, Tel. 6304-5858, www.jawhm.or.jp/eng

051to Abb.: ok

Treffen der regionalen Maskottchen im Ueno-Kōen 13

Wussten Sie schon, dass ...

... 47 Prozent der Tokyoter alleine leben?
... in einem Tokyoter Haushalt durchschnittlich 1,94 Personen leben?
... es über 800 Fitnessclubs in der Stadt gibt?
... Tokyoter Frauen eine Lebenserwartung von 87 Jahren haben und Tokyos Männer durchschnittlich 81 Jahre alt werden?
... es in der Stadt 1339 Grundschulen gibt?
... es in der Stadt über 100 – öffentliche und private – Universitäten gibt?
... Tokyo dunkler als vor der Coronapandemie ist? Satellitenbilder zeigen, dass Tokyo heute nachts rund 10 Prozent weniger leuchtet als 2019.
... sich die Stadt in 23 Verwaltungsbezirke gliedert? Den meisten Bezirken wird man auf seiner Reise durch Tokyo jedoch kaum begegnen. Für alle, die die einzelnen Bezirke abklappern möchten, hier eine Liste: Adachi, Arakawa, Bunkyō, Chiyoda, Chūō, Edogawa, Itabashi, Katsushika, Kita, Kōtō, Meguro, Minato, Nakano, Nerima, Ōta, Setagaya, Shibuya, Shinagawa, Shinjuku, Suginami, Sumida, Toshima, Taitō.
... die Arbeitslosenquote bei 3 Prozent liegt?

alles kann – und sollte – „kawaii“ sein.

Tokyo erfindet also nicht nur sich selbst neu, sondern setzt auch neue Trends und Standards wie jüngst mit dem TeamLab Planets 25 im Bereich der digitalen Kunst. Kritiker mögen sagen, dass die Neuerungen meist eher einen **wirtschaftlichen** als einen kulturellen **Hintergrund** haben oder gezielt das Image der Stadt aufpolieren sollen. Wer sich daran stört, wird in Tokyo bestimmt seine Probleme bekommen. Aber für alle anderen gibt es immer wieder viel Neues zu entdecken.

Bevölkerung

96 Prozent aller Tokyoter sind japanische Staatsbürger. Zu den größten Minderheitengruppen der Stadt zählen Chinesen, Vietnamesen und Koreaner. 65 Prozent der Bewohner sind im erwerbsfähigen Alter, 22 Prozent der Bewohner sind über 65 Jahre alt und 13 Prozent sind Kinder und Jugendliche unter 18 Jahren.

Stadtentwicklung

Tokyo ist eine äußerst dicht besiedelte Metropole. Die Stadtplanung gestaltet sich schwierig, denn es stehen schon lange **keine freien Flächen** mehr zur Verfügung. Neue Viertel entstehen, wenn am Stadtrand neue Gebiete erschlossen werden oder gar Land in der Tokyoter Bucht aufgeschüttet wird. Während die Weltwirtschaft in die Rezession gleitet, die Immobilienblase in Ländern wie den USA oder China zu platzen droht und weltweit Büroräume mehr und mehr leer stehen, herrscht in Tokyo auch 2024 noch Bauboom.

Erdbeben

Japan liegt am „pazifischen Feuerring“. Hier trifft die pazifische Platte auf andere Kontinentalplatten, als Folgeerscheinungen des Plattendrifts treten vulkanische Aktivitäten und Erdbeben auf. Jährlich werden in Japan rund 5000 Erdbeben registriert, die meisten davon mit geringer Stärke und nicht spürbar, viele jedoch stark genug, um Erdbeben als alltägliche Gefahr gegenwärtig sein zu lassen.

Tokyo liegt genau an einem **tektonischen Punkt**, an dem drei Kontinentalplatten aufeinandertreffen: In der Geschichte wurden mehrmals Teile der Stadt von großen Erdbeben zerstört. Die Tokyoter leben mit der Erdbebengefahr. Für die nächsten 30 Jahre sagen japanische Forschungseinrichtungen voraus, dass Tokyo mit einer Wahrscheinlichkeit von 70 Prozent von einem großen Erdbeben erschüttert werden wird.

Was tun bei einem Erdbeben?

- Oberste Prämisse bei einem Erdbeben: Ruhe bewahren, so gut es geht.
- Fallende oder umkippende Gegenstände stellen neben Feuer die größte Gefahr dar.
- Falls möglich, alle Gasleitungen oder Hitzequellen abschalten.
- Kinder lernen bei den japanischen Katastrophenschutzübungen, unter Tischen Zuflucht zu suchen. Hauptsache, man sucht an einem einigermaßen stabilen und sicheren Ort Schutz. Am besten nicht in der Küche mit ihren vielen herunterfallenden und spitzen Gegenständen bleiben.
- Bei einem Erdbeben sollte man nicht sofort versuchen, ins Freie zu gelangen. Man sollte vielmehr sich und seine Umgebung im Moment des Bebens schützen und den Schaden um sich herum in Grenzen halten.

(Noch) keine Spur von Wirtschaftskrise

In den Metropolen der Welt stehen die Büros leer – auch weil nach der Pandemie viele Angestellte weiter im Homeoffice arbeiten. Auch die Firmen in Tokyo haben ihren Mitarbeitern vielfältige Möglichkeiten zur Heimarbeit gegeben – trotzdem herrscht ein Bauboom in Tokyo. 2023 wurden rund 1,26 Millionen Quadratmeter neue Büroflächen gebaut und sofort vermietet. Die Leerstandsquote beträgt insgesamt gerade einmal 6 %, betroffen von Leerstand sind vor allem ältere Gebäude.

Ein Grund: die Tokyoter Angestellten haben immer noch die höchste Büro-Anwesenheitsrate weltweit – und die längsten Arbeitszeiten sowieso.

Bleibt die Wirtschaftskrise in Tokyo also aus? Die Bank of Japan hält das Geld (noch) billig. Dies hilft scheinbar der Wirtschaft in Tokyo, gleichzeitig wird der Yen schwächer und das Reisen für Europäer günstiger. Boomt die Stadt also wieder oder kommt doch noch die Rezession und der Niedergang? Momentan feiert sich Tokyo erstmal weiter. Mit großartigen Bauwerken, großartiger Kultur und (digitalen) Kunstwerken. Und das lassen sich Tokyos Stadtplaner einiges kosten.

- Für jedes Gebäude gibt es einen Evakuierungsplan, der für geordnete Verhältnisse im Extremfall sorgen soll. Es ist festgelegt, über welche Treppen man das Gebäude verlässt. Zudem ist ein Sammelpunkt festgelegt, sodass man seine Angehörigen wiederfinden kann.
- Wenn ein Feuer ausbricht, sollte man laut „Kaji" (Feuer) rufen, damit die Nachbarn alarmiert sind. Nachbarschaftliche Hilfe bei Erdbeben ist in Japan selbstverständlich, sodass man auch einen Blick zu den Nachbarn werfen sollte.
- Die Notrufnummer der Feuerwehr lautet 119.
- Bei einem Brand sind die ersten drei Minuten besonders wichtig, hier hat man noch die Möglichkeit, gegen die Flammen vorzugehen. Idealerweise bekämpft man die Flammen nicht nur mit einem Feuerlöscher (den man erstmal bedienen muss) und wartet nicht nur, bis Eimer mit Wasser gefüllt sind, sondern man versucht zusätzlich, den Brand mit Decken oder Ähnlichem zu ersticken.
- Wenn die Flammen bis zur Decke schlagen, hilft nur noch eins: die Flucht. Man sollte auf keinen Fall den Aufzug benutzen und möglichst mit einem befeuchteten Tuch das Einatmen von Rauch vermeiden.

Vokabular für Erdbeben-Notfälle

- Erdbeben — *Jishin*
- Katastrophe — *Saigai*
- Feuer — *Kasai* oder *kaji*
- Hilfe — *Tasukete*
- Feuerlöscher — *Shōkaki*
- Katastrophenschutzübung — *Bōsai kunren*
- verletzt — *kega*
- krank — *byōki*
- evakuieren — *hinan*
- geräumtes Gebiet — *Kōiki hinan basho*
- Notunterkunft — *Shinsaiji hinan basho*
- Erste-Hilfe-Station — *Chiiki iryō kyūgo kyoten*
- Nachbarschaft — *Kinjo*
- Information — *Jōhō*
- Dolmetscher — *Tsūyaku*
- Arzneimittel — *Kusuri*
- Doktor — *Isha*

Buddhismus und Shintoismus in Tokyo

Mit der Frage „Was ist ihre Religion?“ werden die meisten Tokyoter nichts anfangen können, denn sie ist für die überwiegende Mehrzahl der Japaner nicht so eindeutig zu beantworten, wie man es in unserem Kulturkreis erwarten würde. Laut Statistik fühlen sich 84 % der Tokyoter dem Shintoismus zugehörig und 72 % dem Buddhismus – die Mehrheit der Tokyoter fühlt sich also beidem zugehörig. Das ist ganz einfach möglich, weil Religion in Japan keine Bekenntnisfrage ist, sondern sich aus dem Alltagsleben heraus ergibt. 2 % der Tokyoter sind Christen.

Die größten und bedeutendsten **Schreine** in Tokyo sind der Meiji-Jingū-Schrein (11) und der Yasukuni-Schrein (2). Zu den berühmtesten Tempeln der Stadt zählt der Sensōji-Tempel (18).

Religionsausübung und Zeremonien sind in Tokyo geprägt vom Brauchtum. In keinem japanischen Fragebogen wird sich je eine Spalte finden, in der nach der Religionszugehörigkeit gefragt wird, diese Frage stellt sich einfach nicht. Charakteristisch für die Ausübung der religiösen Zeremonien in Japan ist, dass jedes Ereignis oder Fest von der Tradition einer Glaubensform bestimmt wird. Hochzeiten sind das Metier des Shintō, weswegen man Trauzeremonien und feierliche Gesellschaften beispielsweise oft im Meiji-Jingū-Schrein (11) antrifft. In der Silvesternacht und an Neujahr scheint ganz Japan den Weg zu dem Schrein zu suchen, sodass mehrstündiges Warten angesagt ist, ehe man den Riten Folge leisten kann und am Schrein für ein glückliches neues Jahr bittet. Auch beim Hausbau können Zeremonien abgehalten werden, die sich auf ein Shintō-Erbe berufen, ebenso wie das Salz-Streuen der Sumo-Ringer (s. S. 34) für das Reinigen der Erde steht.

Beerdigungen und das Gedenken an die Toten sind dagegen buddhistisch geprägt. In der Regel hat jede Tokyoter Familie ihren buddhistischen Tempel („Bodaiji“), zu dem sie sich zugehörig fühlt.

Shintō (oder Shintoismus) ist die ursprüngliche Religion Japans und verfügt über eine Vielzahl an Kulten und Glaubensformen. Shintō wird meist mit „Weg der Götter“ übersetzt. Erstmals taucht der Begriff im 6. Jahrhundert auf, um die einheimische Religion vom neu eingeführten Buddhismus zu unterscheiden.

Shintō hat im Gegensatz zu anderen Religionen kein schriftlich fixiertes Lehrsystem, keinen Begründer

067to Abb.: mb

Im Eingangsbereich von Shintō-Schreinen finden sich oft beeindruckende Torii wie hier am Yasukuni (2)

und keine zugrunde liegende Dogmatik. Wissen wurde oft mündlich tradiert und Religiosität entwickelte sich aus den übernommenen Bräuchen, Kulten und Gebeten. Ein Glaube an ein Jenseits ist dem Shintō-Glauben fremd.

Shintō beinhaltet Elemente des Animismus und der Naturverehrung. Die ältesten Geschichtsbücher nennen den **Tennō** (Kaiser) als direkten Nachkommen der wichtigsten Shintōgöttin, der Sonnengöttin Amaterasu. Wesentlicher Bestandteil des Shintō ist der Glaube an das Göttliche in allen Dingen: die **Kami** (Shintō-Gottheiten). Der Begriff Gottheiten darf dabei nicht im westlichen Sinne verstanden werden, vielmehr bezeichnet Kami etwas, dem man Respekt entgegenbringt. Kami sind dem Shintō-Glauben nach in allen Naturphänomenen gegenwärtig und Schreine entstanden an jenen Orten, an denen die Natur besonders eindringlich zu erfahren war. Diese heiligen Verehrungsstätten waren ursprünglich lediglich mit einem Seil markiert und begrenzt, später fielen die Markierungen mit Toren und Schrein-Gebäuden üppiger aus. Die Natur wird als beseelt empfunden und die japanischen Mythen sprechen davon, dass es acht Millionen Kami gibt – wobei die Zahl nicht wörtlich zu verstehen ist, sondern vielmehr die Unendlichkeit symbolisieren soll.

Eine **Schreinanlage** besteht aus der Haupthalle (Honden), in der das heilige Symbol verwahrt wird. In der Vorhalle oder in einem eigenständigen Gebäude (Haiden) befindet sich der Platz für die Opfergaben. Größere Schreinanlagen verfügen des Weiteren über eine Anbetungshalle (Haiden), einen Pavillon für die rituelle Waschung (Temizuya), einen Pavillon für Tanz (Kaguraden) und mehrere Priesterwohnungen.

Über die Jahrhunderte haben sich **Shintō-Rituale** erhalten und gleichzeitig vier Hauptformen ausgebildet: der Shintō des Tennō und der kaiserlichen Familie mit einzigartigen Ritualen, der Shintō der Schreine, der Shintō der Schulen und der Volks-Shintō, dessen religiöse Rituale gelegentlich eine Nähe zum Aberglauben aufweisen.

In Schreine kommen Menschen, die für Unterstützung oder eine bessere Zukunft beten: Schüler vor Prüfungen ebenso wie Unternehmer vor Geschäftseröffnungen. Man zieht, vor allem an Neujahr, Papierzettel, auf denen das nächste Jahr vorausgesagt wird. Gefällt einem der Zettel, behält man ihn. Ist die Vor-

068to Abb.: mb

Buddhistisches Tempelelement

Kadō – die meditative Form des Ikebana

Mit der Einführung des Buddhismus wurde vor etwa 1500 Jahren das Arrangement der Blumen entwickelt: Kunstvoll in Vasen und Schalen arrangierte Blumen dienten als Schmuck der Buddha-Bilder und sollten den Seelen der Vorfahren Trost verschaffen. Im Vergleich zum heutigen, an seiner praktischen Nutzbarkeit orientierten Ikebana verkörpert das Kadō einen noch meditativeren Umgang mit den Pflanzen.

In der Momoyama-Zeit des 16. Jh. wurde das Blumenstecken zu einer Kunst verfeinert, die dazu beitrug, die Atmosphäre bei Tee-Zeremonien zu vervollkommnen. Entscheidende Kriterien zur Gestaltung der kunstvollen Blumen-Arrangements waren dabei immer die Jahreszeit und dem Anlass entsprechende Blumen. Ab der Meiji-Zeit konnten dem kunstvoll Arrangement auch abstrakte, künstliche Elemente hinzugefügt werden.

0744to Abb.: Natasha Breen, stock.adobe.com

☒ *Kunstvolles Ikebana-Arrangement*

aussage nicht willkommen, bindet man den Zettel an den Baum und hat sich seiner entledigt. Ebenfalls an Neujahr kann man seine Wünsche für das kommende Jahr auch vom Schrein-Priester verlesen lassen. Der Shintō-Glaube verfügt über eine **sehr positive Grundeinstellung** und ein positives Menschenbild. Alles Böse wird fast ausschließlich bösen Geistern zugeordnet. Viele Rituale haben den Zweck, diese bösen Geister milde zu stimmen.

Buddhismus (**Bukkyō**): Ab dem 5. Jahrhundert gelangten buddhistische Einflüsse über Indien, China und das Paekche-Königreich im Südwesten Koreas nach Japan, doch offiziell wurde der Buddhismus erst 538 in Japan eingeführt. Nur wenige sahen in der Etablierung des Buddhismus einen Widerspruch zum herrschenden Shintō-Glauben. Schnell setzte sich die Auffassung durch, dass Buddha lediglich eine weitere Gottheit ähnlich den Kami-Göttern darstellte. Shintō schloss also den Buddhismus mit ein: Die Grundlage für eine friedliche Koexistenz und zeitweise sogar tiefe Durchdringung war gegeben.

Die regierende Schicht übernahm die Lehren des Buddhismus gern, **China war das große Vorbild** für die eigene Organisation der Staats- und Religionsform. Prinz Shōtoku verkündete seine Verfassung und ernannte den Buddhismus im Jahr 607 auch mit der politischen Absicht, das geteilte Land zu einen, zur Staatsreligion. Während der Nara-Zeit (710–794) stand der Buddhismus im Zeichen einer wissenschaftlichen und staatserhaltenden Ausrichtung. Gesetze schrieben den Priestern vor, für das Wohl des Staates zu beten. Neben den **„Sechs Nara-Schulen“** prägten weitere buddhistische Einwanderer, wie der chinesische Mönch Ganjin, die Entwicklung des frühen Buddhismus in Japan.

Zur Heian-Zeit begründete Saichō in Kyoto die japanische **Tendai-Schule.** Vom Ergebnis des Nara-Buddhismus enttäuscht, exerzierte er 15 Jahre lang seine Meditationsübungen in der Einsamkeit des Hiei-Berges. In seiner Lehre vereinte er Ansätze verschiedener buddhistischer Schulen mit Elementen der Zen-Meditation.

Die Schulen der Kamakura-Zeit (1192–1333) bauten auf den vorhergehenden Lehren auf. Die **Jōdo- und Amida-Schulen** vereinfachten die Gedankenwelt. Die wiederholte Anrufung Buddhas mit „Namu amida butsu“ oder mit „Namu myōhō renge kyō“ (Nichiren-Schule) sollte den neuen Schulen nach zur Erleuchtung und Erlösung führen. Diese Idee machte den Buddhismus einer breiten Masse zugänglich, der die Theorien der Tendai-Schule zu kompliziert waren.

Besonders große Verbreitung fanden während der Kamakura-Zeit die Ideen des **Zen-Buddhismus.** Die Lehre des Zen widmet sich vor allem dem Zustand der geistigen Konzentration. Die buddhistische Lehre ist hier eine religiöse Übung, den Körper ruhigzustellen und damit gleichzeitig den Geist zu beruhigen. Mit dem beruhigten Geist gehen gleichzeitig Weisheits- und Erleuchtungsgewinn einher – und Erleuchtung ist das Ziel der Meditation. Das Erreichen eines neuen und höheren Blickwinkels wird als „Satori“ bezeichnet. Schon aus dem 8. Jahrhundert ist ein System von Zen-Fragen und Antworten („kōan“) überliefert, das dabei helfen soll. Je nach Schule und Tradition stehen zahlreiche Kōan-Sammlungen mit mehreren Hundert Fragen zur Verfügung. Die drei berühmtesten Beispiele sind: 1. Ein Mönch fragte Meister Joju: Hat ein Hund Buddha-Natur? Joju antwortete: Mu. 2. Joju fragte seine Schüler: Wie klingt das Klatschen mit einer Hand? 3. Ein Mönch fragte Meister Dong: Was ist Buddha? Der Meister antwortete: Drei Pfund Hanf.

Das gewohnte logische und konzeptionelle Denken soll mit diesen Übungen an sein eigenes Ende geführt werden.

Während der Edo-Zeit (1600–1867) befahl die Shogunats-Regierung jedem Japaner, sich in einem buddhistischen Tempel registrieren zu lassen. Dies diente zum einen der **Bekämpfung des Christentums** und zum anderen der Kontrolle der religiösen Zentren. Während der Meiji-Zeit (1868–1912) waren Shintō und Buddhismus offiziell voneinander getrennt. Eine Besonderheit des japanischen Buddhismus ist die Vermischung des konfuzianischen Ahnenkultes mit der buddhistischen Zeremonie, obwohl der ursprüngliche Buddhismus keinen Ahnenkult kennt. Der japanischen Tradition nach findet die Seele nur dann Ruhe, wenn Totenzeremonien abgehalten werden. Diese Tradition führte dazu, dass der Ahnenkult bei der Einführung des Buddhismus im 6. Jahrhundert erhalten blieb und die indische Idee der Reinkarnation nicht übernommen wurde.

040to Abb.: tcvb

An- und Rückreise

Flugbuchung

Es bestehen einige **Direktverbindungen** aus dem deutschsprachigen Raum nach Tokyo: All Nippon Airways (ANA) und Japan Airlines (JAL) fliegen ab Frankfurt nach Tokyo, Lufthansa bietet Direktflüge ab Frankfurt und München an, mit Austrian Airlines gelangt man ab Wien und mit Swiss von Zürich nach Tokyo. Die Flugzeit dauert normalerweise zwischen 11 und 12 Stunden. Wegen des Kriegs in der Ukraine sind die Lufträume über Russland sowie der Ukraine jedoch gesperrt. Das führt zu deutlich längeren Reisezeiten.

Günstiger als ein Direktflug kann eine **Verbindung mit Zwischenstopp** sein. Diese Angebote variieren von Jahr zu Jahr – in den letzten Jahren boten vor allem KLM, Air France und Turkish Airlines günstige Flüge an. Die günstigsten Flüge kosten ab 700 € (hin und zurück).

Narita International Airport

Die meisten Direktflüge nach Tokyo aus Deutschland, Österreich und der Schweiz landen am Narita International Airport. Der Flughafen liegt 60 Kilometer nordöstlich von Tokyo und fertigt pro Jahr rund **35 Millionen Passagiere** ab.

Vom Narita International Airport in die Stadt

- **Mit dem Zug:** Die Bahnstationen befinden sich unter den Terminals 1 und 2. Man hat die Wahl zwischen JR (Japan Railways) und der Privatbahnlinie Keisei. Je nach Ziel und Art des Zuges kann die Fahrt nach Tokyo zwischen 60 und 120 Minuten dauern. **JR** verbindet Narita und Tokyo Station mit dem Schnellzug „Narita Express“ (N'EX, Fahrtzeit: 53 Minuten, Kosten: 3070 ¥). Weitere Haltestellen des N'EX sind u. a. Ueno, Shinjuku und Shibuya. Der N'EX ist schnell, aber auch teuer. Günstiger sind andere JR-Schnellzüge, die ebenfalls von JR Narita Station nach Tokyo Station fahren. Die **Keisei-Züge** fahren zur Keisei Ueno Station [H4] ins nördliche Tokyo, von wo aus man gut mit der U-Bahn weiterkommt. Der Skyliner braucht 41 Minuten und kostet ab 2570 ¥, während der Limited Express die günstigste Variante darstellt: Er benötigt 76 Minuten und kostet 1000 ¥.
- **Mit dem Bus:** Der Airport Limousine Bus fährt alle 15 bis 30 Minuten nach Tokyo Station (Fahrtzeit: 80 Minuten, Kosten ab 2800 ¥). Tickets sind am orangefarbenen Airport Limousine Bus Counter im Erdgeschoss beider Terminals erhältlich. Eine Digitalanzeige auf Japanisch und Englisch informiert über die Fahrtziele und Abfahrtszeiten.
- **Mit dem Taxi:** Eine Fahrt ins Zentrum mit dem Taxi ist eine kostspielige Angelegenheit, man muss mit rund 30.000 ¥ rechnen. Normalerweise ist man mit dem Taxi nicht schneller als mit dem Zug.

Haneda Airport

Haneda liegt an der Tokyo Bucht im Süden der Stadt, mit rund 65 Millionen Passagieren werden hier im Vergleich zu Narita fast doppelt so viele Fluggäste abgefertigt. Zusammen mit den 35 Millionen Passagieren aus Narita ergeben die rund 100 Millionen Flugpassagiere pro Jahr **das größte Passagieraufkommen einer Stadt weltweit.**

Mit den neuen Flugplänen nach der Coronapandemie werden auch immer mehr Direktflüge aus Europa zum Haneda Airport angeboten.

◁ Vorseite: Feierliche Shintō-Feste gehören fest zum Tokyoter Kalender

Vom Haneda Airport in die Stadt

- **Mit dem Zug:** Am Haneda Airport verkehren Japan Railways (JR) und die Privatbahnlinie Keikyū. Entweder man nimmt die Keikyū-Linie nach Shinagawa für 410 ¥ und fährt dann weiter mit JR. Oder man nimmt die JR-Monorail bis Hamamatsu-chō Station für 490 ¥ (Dauer 20 Min.) und fährt dann weiter mit JR.
- **Mit dem Bus:** Sowohl vom International Terminal als auch von den Terminals 1 und 2 verkehren Keikyū- und Limousinen-Busse. Man gelangt damit zu allen großen Zentren, wie z. B. nach Tokyo Station, Shinjuku, Shibuya oder auch nach Yokohama. Die günstigste Fahrt kostet 1000 ¥.
- **Mit dem Taxi:** Eine Fahrt ins Zentrum mit dem Taxi kostet je nach Ziel zwischen 5000 und 10.000 ¥.

Barrierefreies Reisen

Die gesetzlichen Bestimmungen Japans verfügen, dass öffentliche Einrichtungen und Transportmittel behinderten- und rollstuhlgerecht sein müssen. In der Praxis erweist sich in Tokyo das **Reisen** mit Handicap **als möglich,** allein aufgrund der Menschenmengen jedoch **nicht immer als einfach.**

Sowohl große Einrichtungen wie Museen als auch große Bahnstationen verfügen über **Aufzüge und Rampen.** Schwieriger wird es bei der **Metro,** da hier die Eingänge unterschiedlich eng sind. Vom Busverkehr muss für Rollstuhlfahrer abgeraten werden, da die Einstiege zu eng und kaum Rampen vorhanden sind.

Hilfreich ist die Website „Accessible Japan" (www.accessible-japan.com), die die Zugangsmöglichkeiten zu Sehenswürdigkeiten in Tokyo erklärt.

Hilfestellungen für Menschen mit **Sehbehinderung** gibt es an Kreuzungen oder öffentlichen Toiletten, wo akustische Signale zur Orientierung erklingen.

Diplomatische Vertretungen

Es kann immer einen Grund geben, dass man die Botschaft seines Landes aufsuchen muss: Etwa wenn man den Reisepass verloren hat und man sich einen **Ersatzpass** ausstellen lassen muss, denn ohne Pass gelangt man nicht an Bord des Flugzeuges. Auch helfen die diplomatischen Auslandsvertretungen in rechtlichen oder medizinischen Notfällen.

- •169 [D11] **Deutsche Botschaft Tokyo,** 4-5-10 Minami-Azabu, 4-Chome Minato-ku, Tokyo 106-0047, Tel. 0081 (0)3 5791-7700, www.tokyo.diplo.de, geöffnet: Mo.-Do. 8-12, 13-17, Fr. 8-13 Uhr
- •170 [E10] **Österreichische Botschaft in Tokyo,** 1-1-20 Moto Azabu, Minato-ku, Tokyo 106-0046, Tel. 0081 (0)3 3451-8281, www.bmeia.gv.at/botschaft/tokio.html, geöffnet: Mo.-Fr. 9-12 Uhr
- •171 [D10] **Schweizerische Botschaft in Tokyo,** 5-9-12 Minami-Azabu, Minato-ku, Tokyo 106-8589, Tel. 0081 (0)3 5449-8400, www.eda.admin.ch/countries/japan/de/home/vertretungen/botschaft.html, geöffnet: Mo.-Fr. 9-12 Uhr

Ein- und Ausreisebestimmungen

Deutsche, Österreicher und Schweizer benötigen für Japan **kein Visum** und erhalten bei der Einreise automatisch eine Aufenthaltserlaubnis von 90 Tagen. Voraussetzung dafür ist ein für die Dauer des Aufenthalts gültiger Reisepass.

Reisen Kinder nur mit einem Elternteil, kann sowohl bei der Aus- als auch bei der Einreise eine **Einverständniserklärung des anderen Elternteils** erforderlich sein.

Detailinfos erhält man beim Auswärtigen Amt und beim zuständigen Konsulat.

In den vergangenen Jahren verschärfte **Sicherheitskontrollen** beinhalten bei der Einreise von Ausländern ab 16 Jahren die Erfassung biometrischer Daten (Gesichtsfotos und Fingerabdrücke).

Japan kennt keine Unterscheidung von harten und weichen Drogen und auf die Einfuhr oder den Besitz stehen hohe Strafen.

Zoll

Bei der Rückeinreise in ein **EU-Land** gilt für in Japan erworbene Waren eine Freigrenze von 430 €, für die Rückeinreise in die **Schweiz** von 300 SFr.

Wer beabsichtigt, Antiquitäten oder andere Kulturgüter aus Japan zu exportieren, sollte vorher die Checklisten der internationalen Zollbehörden beachten, vor allem wenn es sich um Objekte handelt, die unter eine der Kategorien der UNESCO-Konvention von 1970 fallen.

Nähere Informationen erteilen die jeweiligen Zollbehören:

- **Deutschland,** www.zoll.de
- **Österreich,** www.bmf.gv.at
- **Schweiz,** www.ezv.admin.ch

Elektrizität

Die elektrische Spannung beträgt in Japan in der Regel 100 Volt, man benötigt für viele elektrische Geräte und Ladekabel einen Adapter. Das Stromnetz im Osten Japans arbeitet mit 50 Hertz, das im Westen Japans mit 60 Hertz. In Japan werden zweipolige Flachstecker benutzt. **Adapter** sind oft direkt in Hotels, ansonsten in Kaufhäusern und großen Elektronikgeschäften erhältlich. Wer schon vor der Abreise auf Nummer sicher gehen will, sollte sich einen Reisestecker-Adapter (2-poliger Flachstecker für USA/ Japan, ohne Schutzkontakt, Stecker Typ A) besorgen.

Geldfragen

So fortschrittlich Japan und insbesondere Tokyo auch ist, so altmodisch gestaltet sich die Stadt noch immer in Geldfragen. Man kann außer in großen Hotels oder Restaurants nicht automatisch davon ausgehen, dass westliche Kreditkarten akzeptiert werden. Deswegen sollte man immer **ausreichend Bargeld** mit sich führen. Die japanische Währung ist der Yen (¥). Münzen gibt es zu 1, 5, 10, 50, 100 und 500 ¥, Banknoten zu 1000, 2000, 5000 und 10.000 ¥.

Kosten

Das teuerste am Tokyo-Urlaub ist sicherlich der Flug. Einmal dort, kommt man, auch dank des momentan **günstigen Wechselkurses,** mit einem Budget von ca. 20.000 ¥ (120 €) pro Tag sehr gut zurecht. Es geht auch noch weit günstiger, je nachdem, wie viel Wert man auf den Komfort bei der Unterkunft und das Niveau der Verpflegung legt. Und nach oben gibt es natürlich kaum eine Grenze ...

Geldumtausch

Geldumtausch ist in vielen Banken zu den normalen Bürozeiten (Mo.–Fr. 9–15 Uhr) sowie in Postämtern und in größeren Hotels möglich. Zum Umtausch benötigt man den Reisepass. Es ist ratsam, bereits gleich bei der Ankunft am Flughafen Geld zu wechseln.

Umrechnungskurse
(Stand: Frühjahr 2024)

- 1 € = 161 ¥
- 100 ¥ = 0,62 €
- 1 SFr = 170 ¥
- 100 ¥ = 0,59 SFr

Geldautomaten und Kreditkarten

Mit **Kreditkarten** kann meist problemlos Geld abgehoben werden, allerdings sollte man sich bei der jeweiligen Bank oder beim Kreditkarteninstitut über eventuelle Kosten für den Auslandseinsatz informieren. Es kann zudem vorkommen, dass Geldautomatenbetreiber im jeweiligen Land zusätzliche Gebühren erheben.

In den letzten Jahren hat sich die Situation um das Geldabheben am Automaten (ATM) **etwas verbessert**, dazu tragen vor allem die **Geldautomaten der Postfilialen** bei, die fast immer **internationale Kreditkarten** (VISA, Mastercard, American Express) sowie oft auch **Debitkarten** akzeptieren. Man sollte wissen, dass man an den meisten Geldautomaten nicht rund um die Uhr Bargeld abheben kann, sondern nur zu Geschäftszeiten, auch bei der Post.

Am praktischsten sind die **Geldautomaten der 7-Eleven und Family Mart Convenience Stores** (von denen es Zehntausende quer über Japan verteilt gibt). Hier kann man ganzjährig rund um die Uhr mit einer Visa-Karte Geld abheben. Mastercard, American Express, Diners Club, JCB werden ebenfalls akzeptiert, jedoch nicht unbedingt rund um die Uhr. Ein Visa-/Mastercard-Zeichen auf einem Automaten heißt nicht automatisch, dass man mit seiner Karte Geld abheben kann: Diese funktionieren oft nur mit japanischen Kreditkarten.

Umrechnungskurs am Geldautomaten

Beim Abheben von Bargeld in Landeswährung wird manchmal angeboten, dass die Abrechnung mit dem eigenen Konto in Euro erfolgen kann. Das Verfahren ist als **Dynamic Currency Conversion (DCC)** bekannt. Wählt man diese Option, die ja sicherer erscheint, wird aber ein ungünstiger Wechselkurs zugrunde gelegt, der erhebliche Kosten verursachen kann. Deshalb sollte man Abhebungen immer in der Landeswährung vom eigenen Konto abbuchen lassen. Dann legt die eigene Bank den offiziellen Devisenkurs zugrunde.

Tokyo preiswert

Auch wenn es vielleicht dem Klischee widerspricht: Man kann in Tokyo auch günstig unterwegs sein – vorausgesetzt, man weiß wie und wo.

- Warum sollte man beispielsweise für eine Aussichtsplattform bezahlen, wenn es doch die **beste Panoramaaussicht** der Stadt **umsonst** gibt. Nämlich im Tokyo Metropolitan Government Building 28, im 45. Stock auf 202 Metern. Mit einem grandiosen Blick über die Megacity.
- **Kostenlose Stadtführungen** werden von Vereinen wie dem Tokyo Systematized Goodwill Guide (https://tokyosgg.jp) organisiert. Welche Touren jeweils angeboten werden, erfährt man am besten bei den Touristeninformationen (s. S. 107) der Stadt.
- Lebensmittel und Produkte des täglichen Bedarfs sind in einem **100-Yen-Shop** (s. S. 76), wo alle Produkte 100 ¥ (zzgl. MwSt.) kosten, oft günstiger als im Department Store.
- Ein Muss für Preisbewusste sind auch die **japanischen Fast-Food-Ketten** (s. S. 58) wie Yoshinoya, Matsuya oder Nakau, deren Reisgerichte mit zum Beispiel Rindfleisch auf Reis (Gyudon) ab 400 ¥.

Debitkarten (Girocard)

Debitkarten (in Deutschland auch als Girocard bekannt) mit Maestro-Funktion sind noch bis zu ihrem Laufzeitende gültig, werden aber seit Juli 2023 sukzessive gegen sogenannte Mastercard-Debit-Karten ausgetauscht, mit denen man ebenfalls im

Ausland zahlen und Geld abheben kann. Debitkarten mit V-Pay-Symbol funktionieren außerhalb der EU generell nicht, die neuen Visa-Debitkarten hingegen in der Regel schon. Viele Banken sperren Debitkarten aus Sicherheitsgründen für den Einsatz im außereuropäischen Ausland oder beschränken den Verfügungsrahmen. Man sollte sich im Vorfeld erkundigen und die Karte ggf. freischalten lassen.

Für manche Hotelbuchungen, die Miete von Autos o. Ä. ist eine Kreditkarte erforderlich. Debitkarten (die keinen Verfügungsrahmen haben, sondern bei denen die Beträge direkt vom Girokonto abgebucht werden) ersetzen diese nicht.

Suica- und PASMO-Karte als Zahlungsmittel

Zur bargeldlosen Zahlung nicht nur von Zugfahrten, sondern auch in einigen Geschäften oder Restaurants (v. a. in den Bahnhöfen) kann man die Suica- oder PASMO-Karten (s. S. 122) verwenden. Sie lassen sich auch der Applikation Apple Wallet hinzufügen. Das Einzahlen bzw. Aufladen funktioniert dann einfach mit der Zahlungsmethode, die für das Wallet hinterlegt ist.

Gesundheitsvorsorge und Hygiene

Zur Einreise nach Japan sind keine Impfungen vorgeschrieben. Wie bei allen Reisen üblich, sollte man seinen bestehenden **Impfschutz** gegen Tetanus, Diphtherie und Polio kontrollieren. Das Auswärtige Amt empfiehlt bei Langzeitaufenthalten die Impfungen gegen Hepatitis A und B.

Der **Gesundheits- und Hygienestandard** ist in Tokyo **extrem hoch.** Zahlreiche (auch englischsprachige) Krankenhäuser finden sich vor Ort, falls Bedarf besteht (Liste empfehlenswerter Krankenhäuser s. S. 110).

Katastrophenvorsorge

Japan liegt auf dem Pazifischen Feuerring. Das Risikio von Erdbeben, Vulkanausbrüchen und Tsunamis ist hier höher als anderwso. Deswegen ist es ratsam, sich vor und während der Reise zu informieren und die Sicherheits- und Warnhinweise der offiziellen Stellen zu beachten.

› **Information des Auswärtigen Amtes:** www.auswaertiges-amt.de/de/aussenpolitik/laender/japan-node/japansicherheit/213032
› **Offizielle Reiseinfos der Japanischen Fremdenverkehrsbehörde:** www.jnto.go.jp
› **Erdbeben-Meldungen direkt von der Japan Meteorological Agency:** www.jma.go.jp/en/quake

Öffentliche Toiletten in Tokyo sind in der Regel sehr gepflegt und mitunter spektakulär futuristisch: Ein Toilettenbesuch, etwa in einem der großen Einkaufszentren, kann zum echten Erlebnis werden. Viele Convenience Stores bieten ebenfalls Toiletten für ihre Kunden an – in dem allgemeinen Verständnis, dass Menschen, die die Toilette nutzen, auch etwas im Laden kaufen.

Der deutsche Regisseur Wim Wenders widmete seinen Film „Perfect Days“ (2023) den Toiletten Tokyos.

› https://tokyotoilet.jp/en

Informationsquellen

Infostellen in der Stadt

Für touristische Fragen aller Art ist das Rathaus Shinjuku (28) ein idealer Ort: Hier befindet sich die **zentrale Touristeninformation der Stadt Tokyo** – mit allen Infos, Broschüren und Karten.

Die Touristeninformationen in den Flughäfen Narita (s. S. 102) und Haneda können gleich bei der Einreise ein guter Anlaufpunkt für erste Informationen und Materialien sein.

- 172 [J4] **Asakusa Culture Tourist Information Center,** 2-18-9 Kaminarimon, Taitō-ku, Tel. 0081 (0)3 3842-5566, geöffnet: tägl. 9-20 Uhr. Im 8. OG des Gebäudes gibt es auch eine kostenlose Aussichtsplattform, von der aus man auf Asakusa und den Skytree blickt.
- 173 [G8] **JNTO Tourist Information,** Shin-Tokyo Bldg.,3-3-1, Marunouchi, Chiyoda-ku, Tel. 0081 (0)3 3201-3331, www.japan.travel/en/plan/tic-tokyo, geöffnet: tägl. 9-17 Uhr. **Japan Visitor Hotline von JNTO:** 0081 (0)50 3816-2787 (rund um die Uhr)
- 174 [G8] **Tokyo City i,** 2-7-2 Marunouchi Chiyoda-ku, an der Tokyo Station, Ausgang Marunouchi-Minami, www.tokyo city-i.jp, geöffnet: tägl. 8-20 Uhr. Im Erdgeschoss und Untergeschoss im Kitte Marunouchi.
- **Tokyo Tourist Information Center (1),** Zentrale, im Rathaus Shinjuku 28, Tel. 0081 (0)3 5321-3077, www.gotokyo.org/de/plan/tourist-info-center, geöffnet: tägl. 9.30-18.30 Uhr
- 175 **Tokyo Tourist Information Center (2),** Flughafen Narita, Tel. 0081 (0)476 30-3383, geöffnet: tägl. 8-20 Uhr
- 176 **Tokyo Tourist Information Center (3),** Flughafen Haneda, International Terminal, Tel. 0081 (0)3 6428-0653, geöffnet: rund um die Uhr

Tokyo im Internet

- **www.gotokyo.org.** Das offizielle Tourismusportal der Stadt Tokyo. Hier gibt es alles, was man als Reisender über die Stadt wissen muss: von hilfreichen Tipps und detaillierten Routenvorschlägen bis hin zu einem Terminkalender mit aktuellen Events.
- **www.die-japanreise.de.** Reiseanbieter aus Deutschland, auf dessen Website sich ein umfangreiches Glossar findet (Reiter: Japaninfos).
- **www.doitsunet.com.** Die Website der deutschsprachigen Community in Tokyo.
- **http://gurunavi.com.** Umfangreicher Restaurant-Guide für Japan.
- **www.jnto.de.** Informationen zu Tokyo und Gesamt-Japan, vor allem nützlich, wenn man mehr über das Tokyoter Umland erfahren möchte.
- **https://metropolisjapan.com.** Website mit Events, Restaurant-Tipps etc.

Publikationen und Medien

Die **englischsprachigen Tageszeitungen** „The Japan Times" und „The Japan News" gibt es an allen größeren Bahnhöfen. Noch finden sich gedruckte Zeitungen an Kiosken.

Darüber hinaus gibt es in Tokyo mit **Metropolis** (https://metropolisjapan.com) und **Weekender** (www.tokyoweekender.com) zwei englischsprachige Magazine, die Lifestyle-Themen bedienen und deren Kleinanzeigen (Jobs, Möbel, Kontakte etc.) die größte Verbreitung im Stadtgebiet finden.

Das **deutschsprachige Wirtschaftsmagazin** „Japanmarkt" (www.japanmarkt.de) informiert viermal jährlich als E-Magazin über aktuelle Trends in der japanischen (Wirtschafts-)Welt.

Unsere App-Empfehlungen zu Tokyo

- **imiwa?:** Für die Verständigung in Japan kann eine Übersetzungs-App sehr hilfreich sein. Hier bietet sich zum Beispiel imiwa? an, das beim Nachschlagen einzelner Wörter sowie bei der Kanji-Erkennung gute Dienste leistet (kostenlos für iOS in der Basisversion).
- **Japan reisen Routensuche, Karte:** Die App bietet eine Routensuchfunktion, die

Unsere Literaturtipps

Wohl niemand beschreibt Tokyo und seine Bewohner so intensiv wie **Haruki Murakami.** Der vielgelesene Autor lässt seine Protagonisten immer wieder durch Tokyo streifen – so geht man auch in seinen Büchern auf eine permanente Entdeckungsreise. Sei es zu Fuß durch den Meiji-Jingū-Park in **„Wovon ich rede, wenn ich vom Laufen rede“**, im Stau stehend in **„1Q84“** oder im Tokyo der Jazz-Musik in **„Naokos Lächeln“** – Murakami betrieb einst selbst einen Jazzclub in Tokyo.

Anders nähert sich **Eiichi Ikegami** dem Metropolen-Phänomen Tokyo: Sein Science-Fiction-Roman **„Shangri-La“** spielt in der Zukunft, im Tokyo Mitte des 21. Jahrhunderts. Die globale Erderwärmung hat die japanische Hauptstadt zur Tropenstadt gemacht, es wird mit CO2-Emissionen gedealt und kriegerische Auseinandersetzungen bestimmen den Alltag der Bewohner. Inzwischen ist das Buch in Form einer 24-teiligen Animeserie verfilmt worden.

Der **KulturSchock Japan** aus dem Reise Know-How Verlag hilft, Japan und seine Bewohner zu verstehen und bietet viele Einblicke in die japanische Kultur, Geschichte und den für Europäer oft fremd erscheinenden Alltag.

Stolzer Buchhändler und Murakami-Fan

041to Abb.: ok

mehrere Verkehrsmittel wie Züge, Flugzeuge und Busse miteinander kombiniert, sowie eine GPS-Sprachnavigation und eine kostenlose Wi-Fi-Spotsuche in Offline-Umgebungen (kostenlos für Android und iOS).

- **MetrO:** Um im Verkehrsnetzdschungel in Tokyo den Überblick zu behalten, hilft eine Verkehrsmittel-App, die auch offline funktioniert. **„MetrO“** zum Beispiel beschreibt übersichtlich, wann man wo umsteigen muss (kostenlos für iOS).

LGBT+

Tokyo zeigt sich **tolerant.** Gleichgeschlechtliche Paare werden bei ihrer Reise in Tokyo kaum Probleme bekommen. Trotzdem gibt es auch in Japan noch einiges zu tun – zum Beispiel in Sachen toleranter Firmenkultur. Für viele Schwule und Lesben ist es auch in Japan ein Problem, sich am Arbeitsplatz zu outen – aus Angst vor Diskriminierung und auch aus Sorge, sich dadurch die Karrierechancen zu verbauen. Davon wird man als Tourist aber eher wenig bemerken.

Stattdessen trifft man auf eine **aktive LGBT-Szene.** Hauptveranstaltungen der Szene sind das jährliche **Tokyo Rainbow Pride** (www.tokyorainbowpride.com) im April, die größte Straßenparade der japanischen Szene, sowie das **Rainbow Reel Tokyo – Tokyo International Lesbian & Gay Film Festival** (http://rainbowreeltokyo.com) im Juli. Auf der Website der Tokyo Rainbow Pride sind Links zu lokalen Organisationen gelistet. In den Bars in Shinjuku-ni-chōme gibt es Flyer für die aktuellsten Events. Informationen im Internet:

- **Travel Gay Asia:** www.travelgayasia.com/destination/gay-japan/gay-tokyo/
- **Gay Travel.com:** www.gaytravel.com/gay-guides/tokyo
- **Utopia Asia:** www.utopia-asia.com/japntoky.htm
- **Gay Cities:** http://tokyo.gaycities.com

Bars und Clubs

Shinjuku-ni-chōme (s. S. 30) ist das queere Viertel der Stadt. In den wenigen Straßenzügen gibt es locker 200 bis 300 Bars. Die meisten, typisch für Tokyo, sehr klein, mit einer kleinen Besucherzahl und für jedermann und jederfrau offen. Hier ist Tokyo unschlagbar tolerant und weltstädtisch.

177 [C6] **Airro Café** ¥¥, 2-18-1 Shinjuku, Shinjuku-ku, Tel. 6273-0740, https://aliving.net/aiirocafe, geöffnet: tägl. ab 18 Uhr. Guter Startpunkt für den Abend in Shinjuku-ni-chōme. Schwul, lesbisch, trans, hetero ... alle sind willkommen. Oft sehr voll.

178 [C6] **Arty Farty** ¥¥, 2F, 2-11-7 Shinjuku, Shinjuku-ku, U-Bahn: Shinjuku 3 chōme, Ausgang C7, Tel. 5362-9720, geöffnet: tägl. 18-1 Uhr. Bekannte Gay-&-Les-Bar in Shinjuku.

179 [C6] **Arty Farty Annex** ¥¥, 2-14-11 Shinjuku, Shinjuku-ku, Tel. 3356-5029, geöffnet: tägl. 20-4 Uhr. Zweiter Standort von Arty Farty, in dem die Party länger dauert.

180 [C6] **Bar Gold Finger** ¥¥, 2-12-11 Shinjuku, Shinjuku-ku, Tel. 6383-4649, www.goldfingerparty.com, geöffnet: tägl. ab 20 Uhr, mittwochs geschlossen. Eine Bar für lesbisches Publikum mit guter Musik. Freitags ist LGBT-Tag – dann sind also auch die Männer willkommen.

Unterkunft

Luxus-Hotels sowie City-Hotels sind in der Regel tolerant gegenüber gleichgeschlechtlichen Paaren. Das **Keio Plaza Hotel** (s. S. 120) in Shinjuku bietet ein spezielles Pride-Paket für die LGBT-Community an.

Maße und Gewichte

In Japan wird das internationale metrische System bei allen Maß- und Gewichtseinheiten verwendet. Zwar gibt es z. B. für **Kleidung** noch traditionelle japanische Maße (Damengröße 38 ist umgerechnet Größe 9 in Japan), jedoch werden diese Angaben wie hierzulande immer unüblicher und stattdessen findet man S, M oder L. Die S/M/L-Angaben fallen dabei kleiner aus, als man das in Europa gewohnt ist.

Als besondere Maßeinheit findet sich bei der **Wohnungssuche** die Angabe in **Tatami-Matten.** Ein „6-jō" ist also ein Zimmer, das die Größe von sechs Tatami-Matten besitzt.

Medizinische Versorgung

Tokyo verfügt über eine hohe Qualität in der medizinischen Versorgung sowohl die technische Ausstattung als auch die hygienischen Standards sind mit denen in Europa vergleichbar. Viele Ärzte verstehen Grundbegriffe auf Englisch, in den Unikliniken manchmal auch auf Deutsch. Bei JNTO (s. S. 107) erhält man eine Liste mit deutsch- und englischsprachigen Krankenhäusern in Tokyo. Aktuelle Infos über deutsch- und englischsprachige Ärzte gibt es auch bei den Botschaften und Konsulaten (s. S. 103).

Apotheken

Apotheken in Tokyo kümmern sich vor allem um die Einlösung von vom Arzt verordneten Rezepten – wer nur eine Schmerztablette oder ein Mittel gegen eine Erkältung haben will, sollte besser einen der vielen japanischen **Drogeriemärkte** (Drugstores) aufsuchen. Diese bieten neben üblichen Drogerieartikeln auch eine große Auswahl rezeptfreier Medikamente an.

Verbreitete Ketten sind Matsumoto Kiyoshi oder Sun Drug, oft ist der Name jedoch nur in Kanji bzw. Katakana geschrieben. Meist ist das Zeichen 薬 („Medizin“) gut sichtbar außen angeschrieben.

Krankenhäuser

Krankenhäuser in Tokyo mit teilweise deutschsprachigem Personal:

⊕181 [G5] **Tokyo Medical and Dental University Hospital,** 1-5-45 Yushima, Bunkyo-ku, Tokyo 113-8510, Tel. 03 3813-6111, www.tmd.ac.jp/medhospital/english

⊕182 [A6] **Tokyo Medical University Hospital,** 6-7-1 Nishi-Shinjuku, Shinjuku-ku, Tokyo 160-0023, Tel. 03 3342-6111, http://hospinfo.tokyo-med.ac.jp

⊕183 [H4] **The University of Tokyo Hospital** (Tōdai Byōin), 7-3-1 Hongo, Bunkyō-ku, Tokyo 113-8655, Tel. 03 3815-5411, www.h.u-tokyo.ac.jp

Weitere int. Krankenhäuser in Tokyo:

⊕184 Internationales Katholisches Krankenhaus (Seibo Byōin), 2-5-1 Naka-Ochiai, Shinjuku-ku, Tokyo 161-8521, Tel. 03 3951-1111

⊕185 [H9] **St. Luke's International Hospital (Seiroka Byōin),** 9-1 Akashicho, Chūō-ku, Tokyo 104-8560, Tel. 03 5550-7166, http://hospital.luke.ac.jp/eng/index.html

Auslandskrankenversicherung

Die gesetzlichen Krankenversicherungen kommen nicht für eine Behandlung in Japan auf, deswegen ist der Abschluss einer **privaten Auslandskrankenversicherung** vor Reiseantritt **sehr wichtig.** Solche Versicherungen kann man meist für wenige Euro pro Jahr abschließen.

Wer in Tokyo einen Arzt oder ein Krankenhaus aufsuchen muss, sollte alle **Belege und Quittungen** sorgfältig **aufbewahren,** um sie später bei der Versicherung einreichen zu können. **Schweizer** sollten bei ihrer Krankenversicherungsgesellschaft nachfragen, ob die Auslandsdeckung auch für Japan gilt.

Mit Kindern unterwegs

Die japanische Gesellschaft verehrt Kinder. Viele Museen sind kindgerecht aufbereitet, indem Stationen zum Ausprobieren und zum spielerischen Erlernen auffordern. Wer es sich erlauben kann, meidet mit Kleinkind und Kinderwagen die öffentlichen Verkehrsmittel – das ist im oftmals überfüllten Tokyo doch sehr mühsam.

Tokyo Disney Resort

Das Tokyo Disney Land (TDL) war 1985 der erste Disney-Themenpark, der außerhalb der USA errichtet wurde. 15 Zugminuten östlich von Tokyo in der Präfektur Chiba gelegen, ist das TDL mittlerweile um das Tokyo Disney Sea erweitert worden und trägt seitdem den Namen Tokyo Disney Resort.

Das Resort ist auf künstlich gewonnenem Neuland in der Bucht gebaut und empfängt jährlich bis zu 20 Millionen Besucher – damit rangiert das TDL regelmäßig unter den drei bestbesuchten Freizeitparks der Welt. 90 Prozent der Besucher, so haben Umfragen ergeben, sind übrigens nicht zum ersten Mal im TDL. Natürlich finden sich viele Hotelanlagen im Park, die auch gerne für Hochzeitsfeiern genutzt werden.

★186 **Tokyo Disney Resort,** JR Maihama, www.tokyodisneyresort.jp, geöffnet: tägl. 8–21 Uhr, verschiedene Tagespässe ab 7900 ¥. Tickets für Tokyo Disneyland und Tokyo DisneySea werden ab zwei Monaten im Voraus online verkauft. Eintrittskarten können nicht an den Tageskassen gekauft werden, es sei denn, man ist Gast in einem Disney-Hotel.

Mein Tipp

Asakusa Hanayashiki – der Retro-Vergnügungspark

1853 wurde der Asakusa Hanayashiki als **erster Vergnügungspark Japans** in Asakusa eröffnet. Er ist inzwischen natürlich in die Jahre gekommen und nicht mit Disneyland oder anderen modernen Hightech-Parks zu vergleichen. Doch daraus ergibt sich eine ganz eigene, nostalgische Atmosphäre, die ein schönes Erlebnis für die ganze Familie sein kann.

★187 [J4] **Asakusa Hanayashiki,** 2-28-1, Asakusa Taitō-ku, https://en.hanayashiki.net, geöffnet: tägl. 10–18 Uhr, Eintrittspreis (ohne Fahrgeschäfte): Kinder unter 6 Jahren: frei, 7–12 Jahre: 600 ¥, ab 13 Jahren 1200 ¥

Notfälle

Notrufnummern

- **Polizei:** 110 (gebührenfrei)
- **Feuerwehr und Notarzt:** 119 (gebührenfrei)
- Zum Verhalten bei einem **Erdbeben** s. S. 95

Kartenverlust

Bei **Verlust der Debit-/Giro-, Kredit-** oder **SIM-Karte** gibt es für Kartensperrungen eine **deutsche Zentralnummer** (unbedingt vor der Reise klären, ob die eigene Bank bzw. der jeweilige Mobilfunkanbieter diesem Notrufsystem angeschlossen ist). **Aber Achtung:** Mit der telefonischen Sperrung sind die Bezahlkarten zwar für die Bezahlung/Geldabhebung mit der PIN gesperrt, nicht jedoch für das **Lastschriftverfahren mit Unterschrift.** Man sollte daher auf jeden Fall den Verlust zusätzlich **bei der Polizei zur Anzeige bringen,** um gegebenenfalls auftretende Ansprüche zurückweisen zu können.

In **Österreich** und der **Schweiz** gibt es keine zentrale Sperrnummer, daher sollten sich Besitzer von in diesen Ländern ausgestellten Debit- oder Kreditkarten vor der Abreise bei ihrem Kreditinstitut über den zuständigen Sperrnotruf informieren.

Generell sollte man sich immer die **wichtigsten Daten** wie Kartennummer und Ausstellungsdatum **separat notieren,** da diese unter Umständen abgefragt werden.

- **Deutscher Sperrnotruf:** Tel. +49 116116 oder Tel. +49 3040504050
- **Weitere Infos:** www.kartensicherheit.de, www.sperr-notruf.de

Öffnungszeiten

Banken haben montags bis freitags von 9 bis 15 Uhr geöffnet, Postämter in der Regel werktags von 9 bis 17 Uhr. Die Hauptpostämter Shibuya, Shinjuku und Ikebukero haben einen Nachtschalter.

Geschäfte und Department Stores öffnen gewöhnlich von 10 bis 20 Uhr, sieben Tage die Woche. Convenience Stores wie Lawson, Family Mart oder 7-Eleven haben meist rund um die Uhr geöffnet.

Museen sind oftmals **montags geschlossen** – beziehungsweise dienstags, wenn ein Feiertag auf den Montag fällt.

Vom 28.12. bis 03.01. sollte man darauf gefasst sein, dass in Tokyo **fast alles geschlossen** ist – also zum Beispiel Banken, Touristeninformationen, Museen, Tempel etc.!

Post

Das Porto für **Postkarten** nach Europa beträgt 70 ¥, ein Standardbrief (unter 25g) kostet 140 ¥. Postfilialen erkennt man leicht am Logo der japanischen Post, einem roten T mit doppelten Querbalken auf weißem Grund. Postbankdienste stehen in allen Filialen zur Verfügung und viele Geldautomaten der Postfilialen akzeptieren westliche Kreditkarten.

Für wichtige Geschäfts- oder Expresssendungen empfiehlt sich der schnelle EMS-(Express-Mail-Service)-Dienst. Sendungen können so innerhalb von drei Tagen und relativ preiswert nach Europa verschickt werden.

✉188 [B10] **Shibuya Post Office,** 1-12-13 Shibuya, JR/U-Bahn: Shibuya, 5 Minuten, Tel. 5469-9823, geöffnet: tägl. rund um die Uhr

✉189 [B6] **Shinjuku Post Office,** 1-8-8 Nishishinjuku, Shinjuku, JR/U-Bahn: Shinjuku, 5 Minuten, Tel. 3340-1086, geöffnet: tägl. rund um die Uhr

✉190 [G8] **Tokyo Station Post Office,** 2-7-2 Marunouchi Chiyoda-ku, Tokyo Station, Tel. 3217-5231, geöffnet: tägl. rund um die Uhr

Radfahren

Es gibt bestimmt bessere Orte als Tokyo, um Sightseeing und Fahrradfahren miteinander zu verbinden. Dafür ist die Stadt einfach zu groß und zu verkehrsreich. Man kommt viel schneller mit den nahezu perfekt auf einander abgestimmten U-Bahnen voran. Innerhalb eines Stadtteils kann man sich jedoch sehr wohl gut mit dem Rad fortbewegen – viele Ryokans (s. S. 116) bieten Fahrräder zur Miete an oder liefern auch gleich noch einen kleinen Tourenvorschlag mit dazu, damit man dem größten Autoverkehr aus dem Weg gehen kann.

Überraschende Perspektiven bieten **Radtouren durch Tokyo** unter englischsprachiger Leitung. Im Angebot sind acht Routen, u. a. Tokyo Bay, Edo-Tokyo-Culture und Tokyo Transformation. Die Touren dauern sechs Stunden und kosten ab 12.000 ¥.

› **Tokyo Cycling Tour,** Tel. 4590-2995, www.tokyocycling.jp

Sicherheit

Tokyo gehört zu den sichersten Städten weltweit. Man kann sich auch nachts relativ sorglos durch die Stadt bewegen und wird immer wieder feststellen, dass das allgemeine Gefährdungspotenzial sehr gering ist – was natürlich nicht heißt, dass gewisse Vorsichtsmaßnahmen nicht immer ratsam sind.

Vor allem in den **Vergnügungsvierteln** können **Taschendiebe** am Werk sein. Kriminalität auf offener Straße wie etwa **Straßenraub kommt** in Tokyo **eigentlich nicht vor.** Auch alleinreisende **Frauen** werden erfreulicherweise sehr selten belästigt.

Yakuza

Vor allem im Rotlichtmilieu haben die japanischen Gangsterorganisationen, die Yakuza, ihr Feld fest abgesteckt. Sie verdienen an illegalem Glücksspiel, Prostitution und Schutzgelderpressungen. Yakuza-Mitglieder erkannte man vormals an ihren **kunstvollen Tätowierungen** oder an fehlenden Gliedmaßen wie etwa einer **fehlenden Fingerkuppe,** die bei Fehlern als Zeichen der Verbundenheit und Sühne geopfert wurden. Heute sind die Erscheinungsformen komplexer und undurchschaubarer.

Polizei

Polizeistationen (Kōban) gibt es in jedem größeren Viertel in Tokyo, was eine gewisse zusätzliche Sicherheit ausstrahlt. Polizisten können für Touristen oft gute Ansprechpartner sein, wenn es um die **Orientierung in einem Viertel** geht.

Wer dagegen mit dem Gesetz in Konflikt gerät, dem droht **rauer Umgang:** Haft in Japan wird von westlichen Ausländern als besonders hart empfunden. In Japan existiert übrigens noch immer die Todesstrafe, die auch mehrmals pro Jahr vollstreckt wird.

Die Polizei ruft man unter der 110. Die englischsprachige Hotline der Polizei in Tokyo ist werktags von 8.30 bis 17.15 Uhr unter Tel. 03 3501-0110 erreichbar.

Sprache

Englisch

In Tokyo wird man immer jemand antreffen, der zumindest **etwas Englisch** spricht. Gleichzeitig sollte man nicht zu viel an Kenntnissen voraussetzen und berücksichtigen, dass sich die japanische Aussprache des Englischen stark an den Silben orientiert, was die **Kommunikation** für beide Seiten nicht leichter macht.

Auch in Japan sind die **Englisch-Kenntnisse abhängig vom Bildungsstand:** Studenten oder Akademiker werden im Schnitt über bessere Kenntnisse verfügen, auch wenn jeder japanische Schüler mehrere Jahre Englischunterricht hatte.

Japanisch

Die japanische **Schrift** setzt sich aus Hiragana-, Katakana- (beides japanische Silbenschriften) und chinesischen Kanji-Zeichen zusammen, die japanische Kinder in ihren ersten sechs Schuljahren nach und nach lernen. Sich hier „mal schnell" einen Überblick zu verschaffen, funktioniert also nicht. Trotzdem kommt man in Tokyo gut zurecht, denn auf den wichtigen Tafeln (Verkehrsschilder, Bahnhöfe, Wegweiser etc.) findet sich neben dem Japanischen eine **Umschrift in lateinische Buchstaben, Romaji** genannt. Dies erleichtert die Orientierung für ausländische Besucher in Tokyo sehr und wird immer geläufiger. Weitere Hinweise zur Sprache sowie eine nützliche Sprachhilfe s. S. 126.

Früh übt sich: Kanji-Schreibübungen am Neujahrstag

042to Abb.: ok

Stadttouren

In Tokyo finden sich zahlreiche Reiseveranstalter, die ganz unterschiedliche Touren anbieten. Zu den größten Anbietern zählt **JTB** (www.japanican.com), die alle möglichen Standard-Touren in und um Tokyo anbieten, teilweise mit begehrten Karten für das Sumo-Turnier oder das Ghibli Museum (s. S. 46).

Eine interessante Alternative können **kostenlose Führungen** sein – diese werden von Vereinen wie dem Tokyo **Systematized Goodwill Guide** (**SGG,** https://tokyosgg.jp) organisiert. Welche Touren jeweils angeboten werden, erfährt man am besten bei den Touristeninformationen (s. S. 107) oder auf der Website. Führungen gibt es für Asakusa, Ueno, Yanaka und den Kaiserpalast, und wird dann nicht von Profis durch die Stadt geführt, sondern von Studenten, Rentnern oder Hausfrauen, was unschlagbar **authentisch** ist. Das Ganze ist kostenlos, man muss nur für eventuelle Eintrittsgelder für sich und den Reiseführer aufkommen.

MEIN TIPP

Ikebana-Schnellkurs in Tokyo

Die Kunst des Blumen-Arrangements erfuhr ihren Aufschwung im prosperierenden Edo. Ikebana-Schnellkurse vermitteln im heutigen Tokyo meist innerhalb von zwei Stunden einen kurzen Einblick in die Verwendung von verschiedenen Blumenarten – und zeigen, wie man die Blumen möglichst geschickt um die metallische Kenzan-Platte drapiert. Die Kurse werden in englischer Sprache angeboten, eine vorherige Anmeldung ist erforderlich.

- **191** [D8] **Sōgetsu Ikebana-Schule,** 7-2-21, Akasaka, Minato-ku, U-Bahn: Aoyama-Itchōme, Ausgang 4, 5 Minuten Fußweg Tel. 3408-1209, www.sogetsu.or.jp/e, Mo. 10.30–12.30 Uhr, 4100 ¥ (inkl. Blumen)

Auch der **Tourismusdienst der Stadt Tokyo** bietet 13 verschiedene Touren an, die von ehrenamtlichen Helfern durchgeführt werden, **auch in deutscher Sprache.** Zu den Touren zählen zum Beispiel gemeinsame Gartenspaziergänge oder Stadtteilführungen. Die Reservierungen müssen mindestens drei Tage im Voraus erfolgen. Die Teilnahmegebühr variiert, von kostenlos bis zu 3000 ¥, je nach Eintrittsgeldern.

- Weitere Infos: www.gotokyo.org/en/guide-services

Telefonieren und Internet

Die japanischen Mobilfunkfirmen haben jahrzehntelang ihr eigenes, kompliziertes Handygeschäft betrieben: Galapagos-Handys nannte man das, weil diese Geräte mit den Netzen anderer Länder nicht kompatibel waren und umgekehrt. Mittlerweile läuft es wie überall weltweit: Wer mit einem **modernen Smartphone** in Japan unterwegs ist, kann dies auch problemlos benutzen.

Viele Reisende nutzen auch im Ausland eine **mobile Datenverbindung.** Dies ist jedoch häufig mit hohen Kosten verbunden. Man sollte daher vor der Reise bei seinem Netzbetreiber Informationen über evtl. günstigere Auslandsdatenpakete einholen oder zur Sicherheit die Mobile-Daten-Option deaktivieren und nur über kostenlose WLAN-Netze ins Internet gehen.

Hotels, Ryokans und Guest Houses bieten kostenloses WLAN für ihre Gäste an.

Vorwahlen

- für Japan: 0081
- für Tokyo: (0)3
- für Deutschland: 0049
- für Österreich: 0043
- für die Schweiz: 0041

Praktisch sind die **offenen WLAN-Netze** der Convenience Stores wie **7-Eleven** oder **Family Mart** und die von Café-Ketten wie Starbucks. Kostenfreie öffentliche Netze gibt es rund um die großen Flughäfen und Bahnhöfe sowie in den **Touristinfos** (s. S. 107).

Eine **Prepaid-SIM-Karte** eines japanischen Mobilfunkunternehmens kann für SIM-lock-freie Smartphones eine praktische Alternative sein – diese kauft man am besten gleich bei der Ankunft in einem Geschäft am Flughafen.

Websites der Mobilfunkfirmen:

- **NTT Docomo,** www.docomo.ne.jp/english/service/world
- **Softbank,** www.softbank-rental.jp
- **B-Mobile, Visitor SIM,** www.bmobile.ne.jp/english

Wer ein kompatibles Smartphone hat, für den ist eine **eSIM** eine bequeme Option: Man muss sich keine physische SIM-Karte mehr besorgen und diese in das Smartphone einlegen. Viele Unternehmen bieten eSIM für die Datennutzung in Japan an, z. B. Airalo (www.airalo.com) oder Sakura Mobile (www.sakuramobile.jp). Sakura bietet auch SIM-Karten und Pocket WiFi an.

Uhrzeit

Der Zeitunterschied zu Europa beträgt MEZ + 8 Stunden. Im Sommer verringert sich die Zeitdifferenz auf 7 Stunden.

Unterkunft

Allgemeine Hinweise

Die Preiskategorien im Buch orientieren sich am **japanischen Übernachtungssystem,** d. h. der Preis bezieht sich immer auf die Übernachtungskosten pro Person (wenn man zu zweit reist, kann sich der Preis pro Person vergünstigen).

Insgesamt muss man zwischen Unterkünften westlicher und japanischer Stilrichtung unterscheiden. Hinweise dazu finden sich in den nachfolgenden Beschreibungen. Die meisten hier gelisteten Unterkünfte verfügen über **Erfahrung im Umgang mit ausländischen Gästen.**

Für Übernachtungen bis 9999 Yen pro Nacht fällt keine **Übernachtungssteuer** an. Übernachtungen von 10.000 bis 14.999 ¥ werden mit 100 ¥, Übernachtungen ab 15.000 ¥ mit 200 ¥ besteuert.

Mittelklassehotels

Die **Kosten für ein Mittelklasse-Hotel** sind in Tokyo **vergleichbar** mit denen in einer europäischen Metropole, manchmal sogar günstiger. Die Zimmergröße ist dagegen kleiner.

Luxushotels

An **Luxushotels** herrscht kein Mangel. Die Übernachtungspreise reichen bis zu 600.000 ¥ pro Nacht. Internationale Top-Hotels wie das Ritz-Carlton konkurrieren an den schönsten Plätzen der Stadt mit den japanischen Luxus-Hotels wie etwa dem Imperial- oder Ōkura-Hotel. Insgesamt kann ein nächtlicher Blick auf Tokyo aus den breiten Panoramafenstern eines luxuriösen Hotels im 20. Stockwerk doch noch immer die beste Gefühlsschwankung zwischen Verlorenheit und Dekadenz hervorrufen. Die Preise schwanken oft je nach Saison.

- Kosten pro Nacht: ab ca. 9000 ¥, nach oben offen

Business-Hotels

Business-Hotels sind eine **japanische Besonderheit,** man findet sie überwiegend in der Nähe von Geschäftsvierteln oder an Bahnhöfen. Sie werden hauptsächlich von Geschäftsleuten genutzt, sind **günstig,** haben kleine Zimmer und bieten weniger Komfort als normale Hotels.

- Kosten pro Nacht: ab ca. 8000 ¥

Ryokan

Ein Ryokan ist ein Hotel im japanischen Stil, dessen Einrichtung, Dekoration und Raumgestaltung traditionell gehalten sind. Die klassischen **Tatami-Matten** bilden den Boden und am Eingang findet sich eine Schiebetür. Ein Ryokan-Zimmer wird tagsüber als Ess- und Wohnraum genutzt, nachts wird auf dem Tatami das Futon ausgerollt. Der Gast kommt in den Genuss von **Gemeinschaftsbädern,** die nach Geschlechtern getrennt sind, ebenso die Toiletten. Traditionell nimmt man die japanischen **Mahlzeiten auf dem Zimmer** ein – in den moderneren Ryokans in Tokyo gibt es aber auch westliches Essen und man speist zusammen mit anderen Gästen. Die meisten preisgünstigen Ryokans in Tokyo bieten heutzutage nur ein kleineres Frühstück im Gemeinschaftszimmer an und kein Abendessen. Insgesamt gilt: **Jeder Tokyo-Aufenthalt ohne Ryokan-Erfahrung ist nur eine halbe Sache.**

Gebucht wird am besten direkt über die jeweilige Website oder per E-Mail.

› Kosten pro Nacht: ab ca. 6000 ¥

Buchungsportale

Neben Buchungsportalen für **Hotels** (z. B. www.booking.com, www.hrs.de oder www.trivago.de) bzw. für **Hostels** (z. B. www.hostelworld.com) gibt es auch Anbieter, bei denen man **Privatunterkünfte** buchen kann. Portale wie www.airbnb.de oder www.wimdu.de vermitteln Wohnungen, Zimmer oder auch nur einen Schlafplatz auf einer Couch. Diese oft recht günstigen Übernachtungsmöglichkeiten sind nicht unumstritten, weil manchmal normale Wohnungen gewerblich missbraucht werden. Einige Städte greifen deshalb regulierend ein.

Darüber hinaus gibt es jedoch auch **japanische Buchungsportale** für alle, die es etwas japanischer mögen oder die zum Beispiel ein spezielles japanisches Backpacker-Hostel suchen.

› **Japanican:** www.japanican.com
› **Japanese Guest Houses:** www.japaneseguesthouses.com
› **Japanese Inn Group:** www.japaneseinngroup.com/accommodations.html

Guest Houses

In den letzten Jahren wurden in Tokyo viele einfache Guest Houses (oft auch „**Hostels**" genannt) eröffnet. Die Inhaber sind meist recht jung und haben oft selbst die Welt mit dem Rucksack bereist. Guest Houses sind **relativ billig:** Manchmal trifft man auf Schlafsaal-Betten oder auch auf einfache Futons in Zimmern im japanischen Stil.

Die Gäste sind sowohl Ausländer als auch Japaner, die gerne günstig im eigenen Land reisen und dabei Menschen aus dem Ausland kennenlernen wollen.

› Kosten pro Nacht: ab ca. 3000 ¥

Jugendherbergen

In Tokyos Jugendherbergen findet man sowohl Einzelzimmer als auch Schafsäle vor. Sie stellen **eine der günstigsten Formen der Übernachtung** in Tokyo dar, eine Mitgliedschaft in einem Herbergsverband ist oft nicht nötig.

› Kosten pro Nacht: ab ca. 3500 ¥

Kapselhotels (カプセルホテル)

Es ist mehr Erlebnis als Komfort, eine Nacht in einem Kapselhotel zu verbringen. In den winzigen Kapseln reicht der Platz eben gerade einmal zum Schlafen – und noch für einen in der Wand eingebauten Fernseher. Kapselhotels waren früher nur für Männer verfügbar, inzwischen gibt es oft Etagen mit Frauen-Kabinen. Die Kabinen werden überwiegend von Geschäftsleuten genutzt, die in der Nacht den letzten Zug verpasst haben oder zu betrunken waren, um diesen zu finden. Oft gibt es im Gebäude auch ein Hallenbad mit Sauna, damit sich die Gäste vom anstrengenden Geschäftstag entspannen können. Dieser Bereich ist jedoch oft nur für Männer zugänglich. Manche Einrichtungen vermieten die kleinen Schlafkabinen übrigens auch für einen Mittagsschlaf.

› Kosten pro Nacht: ab ca. 4500 ¥

Love Hotels

Love Hotels erkennt man oft an der ausgefallenen Architektur, dem französischen Namen – und der **Anonymität.** Sie sind die Antwort auf beengte japanische Wohnverhältnisse und werden gewöhnlich von Paaren aufgesucht, die sich ein paar Stunden miteinander vergnügen möchten. Die Ausstattung der Themenzimmer reicht von verspielt bis kitschig. Übernachtungen sind in den Love Hotels auch möglich. Weitere Informationen zu den Love Hotels finden sich auf S. 64.

› Kosten pro Nacht: ab ca. 8000 ¥

Rund um den Kaiserpalast

Die Gegend um Tokyo Station und Ginza ④ ist allgemein nichts für Billigreisende – viele **Luxushotels** sind hier zu finden.

192 [G6] **Hotel Shoryukan** ¥¥, 3-24 Kanda Ogawamachi, Chiyoda-ku, JR Ochanomizu, 5 Minuten Fußweg, Tel. 3293-3001, www.familyhotel.jp. **Kleiner Familienbetrieb im Studentenviertel Ochanomizu:** zwei Haltestellen von Tokyo Station entfernt. Zimmer im japanischen und westlichen Stil verfügbar, großes Gemeinschaftsbad. Hier hat man die schöne Möglichkeit, eine familiäre Atmosphäre im Zentrum der Mega-Metropole zu genießen.

043to Abb.: ok

Kleines Raumwunder: eine Kabine im Kapselhotel

193 [G8] **Imperial Hotel** ¥¥¥¥, 1-1-1 Uchisaiwaicho, Chiyoda-ku, JR Yūrakuchō, 5 Min. Fußweg, Tel. 3504-1111, www.imperialhotel.co.jp. **Erstklassiges Traditionshaus:** Das Hotel wurde 1890 als Japans erstes Hotel für internationale Staatsgäste eröffnet. Obwohl seitdem in Tokyo viele internationale Top-Hotels eröffnet wurden, ist das Imperial Hotel noch immer der Inbegriff von japanischer Eleganz und Gastfreundschaft.

194 [H8] **Super Hotel Premier Tokyo-eki Yaesu Chuo-guchi** ¥¥, 2-2-7 Yaesu, Chuo, JR Tokyo Station, ab Ausgang Yaesu Zentral 1 Min. zu Fuß, www.superhotel.co.jp/s_hotels/yaesu. **Strategisch günstige Lage:** sehr nah an Tokyo Station und trotzdem bezahlbar. Das einfache

Unterkunftskategorien

¥	bis 6000 ¥ (bis ca. 35 €)
¥¥	6000–12000 ¥ (ca. 35–70 €)
¥¥¥	12.000–20.000 ¥ (ca. 70–120 €)
¥¥¥¥	ab 20.000 ¥ (ab ca. 120 €)

(Preise für eine Person und Nacht)

MEIN TIPP

1Q84 im Hotel Ōkura

Eine bizarre und wichtige Szene in Haruki Murakamis Buch „1Q84" (s. S. 108) spielt im Hotel Ōkura – also im traditionellen Luxus-Hotel in Akasaka. Das Hotel ist außerdem bekannt als Unterkunft für US-amerikanische Präsidenten bei deren Staatsbesuchen, denn die Botschaft der USA liegt gleich nebenan.

202 [F9] **Hotel Ōkura** ¥¥¥¥, 2-10-4 Toranomon, Minato-ku, Tel. 3582-0111, www.hotelokura.co.jp

Hotel bietet kleine und saubere Zimmer und ein kleines Gemeinschafts-Onsen-Bad für die Hotelgäste.

195 [H7] **Tokyo Station Hotel** ¥¥¥¥, 1-9-1 Marunouchi, Chiyoda-ku, www.tokyostationhotel.jp. **Moderner Komfort hinter historischer Fassade:** im denkmalgeschützten Bahnhofsgebäude der Tokyo Station befindliches Hotel, das seit dem Jahr 1915 existiert.

Shibuya/Harajuku

Shibuya, Aoyama 9 und Harajuku (s. S. 16) bieten als Zentren der Jugendkultur **viele Shoppingmöglichkeiten, Bars und Clubs**– dafür aber eher **wenige günstige Unterkünfte.** Wer sich allerdings beim Shoppen zwischendurch ausruhen will oder die teure nächtliche Taxi-Fahrt nach dem Clubbesuch umgehen will, für den lohnt sich eventuell auch hier der Mehrpreis.

196 [B10] **Cerulean Tower Tokyu Hotel** ¥¥¥¥, 26-1 Sakuragaokachō, Shibuya-ku, JR Shibuya, 5 Minuten Fußweg, Tel. 3476-3000, www.tokyuhotels.co.jp/cerulean-h. **Warum nicht mal oben wohnen:** Die Zimmer zwischen dem 19. und 37. Stockwerk bieten eine schöne Aussicht auf Shibuya.

197 [B9] **Dormy Inn Premium Shibuya Jingumae** ¥¥, 6-24-4 Jingumae, Shibuya-ku, ab U-Bahn Jingu-mae 6 Min. zu Fuß, Tel. 5774-5489, https://dormy-hotels.com/dormyinn/hotels/shibuya. **Tolle Lage:** 136 Zimmer, nur 10 Min. zu Fuß sowohl vom Bahnhof Shibuya als auch von Harajuku entfernt. Das Gemeinschaftsbad mit Sauna ist ein großer Pluspunkt. Frühstücksbüfett, kostenlose Nudelsuppe am späten Abend.

198 [B10] **Granbell Hotel** ¥¥¥, 15-17 Sakuragaokachō, Shibuya-ku, JR Shibuya, West-Ausgang, 3 Minuten Fußweg, Tel. 5457-2681, www.granbellhotel.jp. **Schönes Designer-Hotel:** mit modernem Interieur mitten in Shibuya. Vermittelt ein junges und urbanes Gefühl.

199 [A10] **Hotel Fukudaya** ¥¥, 4-5-9 Aobadai, Meguro-ku, Tel. 3467-5833, www.fukudaya.com. **Für Shibuya untypische Unterkunft:** Nennt sich Hotel, ist aber eher im Ryokan-Stil eingerichtet. Eine der seltenen Möglichkeiten, Shibuya mit einer Ryokan-Erfahrung zu verbinden. Ruhige Wohngegend, 15 Minuten zu Fuß von JR Shibuya. Achtung: Eingang schließt um 23.30 Uhr!

200 [B10] **Sakura Fleur Aoyama** ¥¥, 2-14-15 Shibuya, Shubuya-ku, JR Shibuya, 5 Minuten Fußweg, www.sakura-hotels.com. **Typisch Shibuya:** niedliches Hotel in der Nähe von JR Shibuya. Einige Zimmer haben putzige, rosafarbene Tapeten. Die Zimmer sind recht klein (ab 10 m²), dafür ist die Lage toll und der Preis bezahlbar.

Ueno/Asakusa

In Ueno und Asakusa (s. S. 20) gibt es viele gute und günstige Übernachtungsmöglichkeiten. Die **altstädtische Atmosphäre** und die freundlichen Gastgeber locken **viele Touristen** in dieses Viertel. Hier kann man auch die hilfsbereiten Nachbarn nach dem Weg fragen.

201 [J2] **Andon Ryokan** ¥¥, 2-34-10 Nihonzutsumi, Taitō-ku, U-Bahn:

Minowa, 5 Minuten Fußweg, www.andon.co.jp. **Gästebetreuung mit Leidenschaft:** Das moderne Ryokan in der Wohngegend Shitamachi wurde verdientermaßen mit zahlreichen Design- und Architekturpreisen ausgezeichnet. Alle Zimmer haben die gleiche Größe – nämlich vier Tatami (s. S. 109). Sehr freundliche Mitarbeiter und viele internationale Gäste. Auf Wunsch bietet die Besitzerin Toshiko-san ein Abendessen „wie zu Hause“ an: also ein normales japanisches Abendessen mit vielen gesunden Zutaten. Sehr schöner Jacuzzi im obersten Stockwerk. Von der Dachterrasse aus sieht man sowohl den Tokyo Skytree als auch den Tokyo Tower.

203 [G3] **Annex Katsutaro Ryokan Tokyo** ¥¥, 3-8-4 Yanaka, Taitō-ku, JR Nippori, 7 Minuten Fußweg, Tel. 3828-2500. **Komfortables Ryokan:** Alle Zimmer verfügen über ein eigenes Badezimmer. Im lebendigen umliegenden Viertel kann man das alltägliche und bodenständige Leben Tokyos erfahren.

204 [J4] **B: CONTE Asakusa** ¥¥, 2-4-2 Asakusa, Taitō-ku, U-Bahn: Asakusa, Ausgang 1, 6 Minuten Fußweg, Tel. 3502-7777, www.bconte.com. **Mischung aus Hotel und Ferienwohnung:** eine gute Option für alle, die sich länger in Tokyo aufhalten oder die in einer Wohnung mit eigener Küche übernachten möchten.

205 [J5] **Nui. Hostel & Bar Lounge** ¥, 2-14-13 Kuramae, Taitō-ku, U-Bahn: Kuramae, 3 Minuten Fußweg, Tel. 6240-9854, https://backpackersjapan.co.jp/nuihostel. **Für Junge und Junggebliebene:** ein Hostel mit echten Hippies und internationalem Publikum. Schlafsäle und Privatzimmer verfügbar. Manche Zimmer bieten einen Ausblick auf den Sumida. Die Café-Bar im Erdgeschoss ist Treffpunkt für die Hostel-Gäste und für junge Menschen aus dem Viertel zugleich.

206 [J4] **Onyado Nono Asakusa** ¥¥, 2-7-20 Asakusa, Taito, ab U-Bahn: Ginza 8 Min. zu Fuß, Tel. 5830-0510, https://dormy-hotels.com/dormyinn/hotels/nono_asakusa. 154 Zimmer, 3 Minuten Fußweg vom Sensoji-Tempel. **Ein Businesshotel im Ryokan-Stil:** Am Eingang zieht man also die Schuhe aus. Die Zimmer sind relativ klein. Der größte Pluspunkt hier ist ein großes öffentliches Bad mit einer echten heißen Quelle mit schwarzem Onsenwasser. Das Frühstücksbüfett bietet eine große Auswahl, darunter auch viel frischer Fisch und Meeresfrüchte. Für spätabends Hungrige gibt es eine kostenlose Nudelsuppe.

207 [H3] **Ryokan Sawanoya** ¥¥, 2-3-11 Yanaka, Taitō-ku, U-Bahn: Nezu, 7 Min. Fußweg, Tel. 3822-2251, www.sawanoya.com. **Ein Klassiker in Tokyo:** Sehr sympathisches Ryokan der Familie Sawa, die über große Erfahrung mit ausländischen Gästen verfügt. Einige Zimmer haben ein privates Badezimmer. Zwei Gemeinschaftsbäder und jede Menge hilfreiche Hinweisschilder in englischer Sprache. Beim Einchecken erhält man den Flyer „Let's find out the Japanese life“ – mit nützlichen Infos zur Umgebung.

208 [I3] **Toco Tokyo Heritage Hostel** ¥, 2-13-22 Shitaya, Taitō-ku, U-Bahn: Iriya, 3 Minuten Fußweg, Tel. 6458-1686, https://backpackersjapan.co.jp/toco. **Eher Party als Ruhe:** Schlafsäle und Privatzimmer in einem alten japanischen Haus. Überwiegend junges Publikum. Abends Lounge-Atmosphäre an der Bar.

209 [J4] **Tokyo Ryokan** ¥, Nishi-Asakusa 2-4-8, Tokyo Taito-ku, U-Bahn: Tawaramachi, 5 Minuten Fußweg, Tel. 090 8879-3599, www.tokyoryokan.com. **Zweckmäßig und preiswert:** kleine Unterkunft mit drei privaten Zimmern in Asakusa. Einfache Ausstattung, dafür günstig im Preis.

Odaiba

In Odaiba (s. S. 26) zu übernachten heißt, ein Fünfsternehotel **direkt am Wasser** zu buchen, um den Blick auf die Rainbow-Brücke genießen zu können. Das hat natürlich seinen Preis. Verkehrstechnisch ist eine Übernachtung in Odaiba etwas speziell, da man zuerst mit der Yurikamome-Monorailbahn oder der Rinkai-Bahn fahren muss, um zum U-Bahn- und JR-Netz zu kommen. Aber der **Blick aufs Meer** entschädigt auch für ein paar Mühen.

210 [H13] **Hilton Tokyo Odaiba** ¥¥¥¥, 1-9-1 Daiba, Minato-ku, Yurikamome: Daiba Station, Tel. 5500-5500. **Lichter der Nacht:** Auch wenn das Hotel nicht mehr das neuste ist, bieten alle Zimmer einen Balkon mit schönem Blick auf die Tokyo-Bucht und die Rainbow-Brücke.

Shinjuku

Aufgrund der guten Verkehrsanbindung des Bahnhofs Shinjuku und der **vielfältigen Möglichkeiten der Abendgestaltung** ist Shinjuku immer eine gute Basis für die Übernachtung. Es gibt keine Ryokans, dafür aber viele **Business- und Luxushotels** in der Umgebung.

211 [C6] **Citadines Shinjuku Tokyo** ¥¥¥, 1-28-13 Shinjuku, Shinjuku-ku, U-Bahn: Shinjuku-Gyoen, 5 Minuten Fußweg, www.citadines.jp. **Modernes Apartmenthotel:** Die Ferienwohnungen verfügen über eine eigene Küche. Der Fitnessclub und der Fahrradverleih im Haus machen die Unterkunft zu einer attraktiven Alternative in der Gegend.

212 [E7] **Hotel New Ōtani** ¥¥¥¥, 4-1 Kioi-chō, Chiyoda-ku, Shinjuku-ku, U-Bahn: Nagatacho, 3 Minuten Fußweg, Tel. 3265-1111, www.newotani.co.jp/en/tokyo. **Ganz schön klassisch:** In diesem Hotel finden auch Teezeremonien statt.

213 [C6] **imano Tokyo Hostel** ¥, 5-12-2 Shinjuku, JR Shinjuku, ab Ausgang Ost 9 Min. zu Fuß, Tel. 5362-7161, https://imano.jp/shinjuku. **Schlafsäle und internationales Publikum:** Hostels in Shinjuku sind relativ selten. Im Erdgeschoss befindet sich ein Café, dessen Angebote vom Frühstück bis zum Sake am Abend reichen. Privatzimmer sind auch buchbar.

214 [A6] **Keio Plaza Hotel** ¥¥¥, 2-2-1 Nishishinjuku, Shinjuku, ab Shinjuku Station 10 Min. zu Fuß, Tel. 3344-0111, www.keioplaza.com. **Alteingesessenes Stadthotel mit fantastischem Blick:** Ausblick von den oberen Etagen und viele praktische Features von der Flughafenbushaltestelle vor der Tür über mehrere Restaurants und einen Teezeremonienraum bis hin zu einem Fitnessstudio, Pool (nur im Sommer) und LGBT-freundlichen Angeboten.

215 [A7] **Park Hyatt Tokyo** ¥¥¥¥, 3-7-1 Nishishinjuku, Shinjuku-ku, JR Shinjuku, 12 Minuten Fußweg, Tel. 5322-1234, https://tokyo.park.hyatt.com. **Filmreif:** Luxushotel mit großartiger Aussicht auf Tokyo – von den obersten Stockwerken sogar auf die gesamte Kantō-Ebene bis hin zum Fuji. Im Hotel und insbesondere an der nächtlichen Hotel-Bar spielt der Film „Lost in Translation" – seitdem hat das Haus noch mehr Gäste als vorher, die ihren Träumen bei einem Drink und bei melancholischer Musik nachhängen wollen.

Roppongi

Roppongi (s. S. 37) bietet eine gute Anbindung ans Zentrum und ein aktives und **ausuferndes Nachtleben.** Das hat seinen Preis, denn nur **wenige günstige Übernachtungsmöglichkeiten** sind vorhanden.

216 [E9] **Apa Hotel & Resort Roppongi Station East** ¥¥¥, 3-18-6 Roppongi, Minato-ku, ab U-Bahn: Roppongi 8 Min. zu Fuß, Tel. 570-072-311. **Preiswertes**

Businesshotel inmitten von Roppongi: Die Zimmer sind winzig, in der obersten Etage 18F gibt es ein großes Gemeinschaftsbad für die Gäste (es gibt mehrere APA-Hotels in Roppongi, aber nur dieses hat das große Bad). Das Frühstücksbüfett bietet u. a. den APA-Hotel-Signature-Curry-Reis, um den Tag „würzig" zu starten.

217 [D9] **Asia Center of Japan** ¥¥, 8-10-32 Akasaka, Minato-ku, U-Bahn: Aoyama 1-chōme, 5 Minuten Fußweg, Tel. 3402-6111, www.asiacenter.or.jp. **In Laufdistanz zum Nachtviertel Roppongi:** in Akasaka gelegen, auch der Weg nach Harajuku ist zu Fuß zu bewältigen. Das Hotel ist pragmatisch eingerichtet. Eine der günstigsten Varianten, die man in der Gegend von Roppongi finden kann.

218 [D10] **Grand Hyatt Tokyo** ¥¥¥¥, 6-10-3 Roppongi, Minato-ku, U-Bahn: Roppongi, 3 Minuten Fußweg, Tel. 4333-1234, http://tokyo.grand.hyatt.jp. **Internationales Luxushotel:** im Komplex von Roppongi Hills. Wer luxuriös in Roppongi übernachten möchte, ist hier gut aufgehoben.

Kapselhotels

219 [A10] **BookTeaBed** ¥, 1-17 Maruyamachō, Shibuya-ku, ab JR Shibuya 7 Min. zu Fuß, Tel. 6416-1307, https://bookteabed-shibuya.com. **Für ein Kapsel-Hotel erstaunlich gemütlich:** Gegenüber von den Schlafkabinen stehen Bücherregale mit Romanen und anderen Taschenbüchern, Zeitschriften, Kunstbüchern und Mangas. Männer- und Frauenetage getrennt.

220 [J4] **Nine hours Asakusa** ¥, 2-6-15 Asakusa, Taito-ku, U-Bahn: Asakusa, 8 Min. Fußweg, Tel. 5830-0057, https://ninehours.co.jp. **Stylish:** Kapselhotel mit Café und luftigen Aufenthaltsräumen – und mit einem schönen Blick über das Asakusa-Einkaufsviertel und den Sensoji-Tempel. Hier liegen die einzelnen Kapsel-Kabinen klassisch übereinander und bleiben hellhörig, wenngleich die Kapseln durchaus komfortabler als früher gestaltet sind. Man kann zwischen 13 und 21 Uhr auch ein Nickerchen buchen. Weitere Filialen gibt es z. B. in Shinjuku, Akasaka und am Narita-Flughafen.

Jugendherbergen

221 [F5] **Tokyo Central Youth Hostel** ¥, 1-1 Kaguragashi, Shinjuku-ku, U-Bahn: Lidabashi, 1 Minute Fußweg, www.jyh.gr.jp/tcyh. **Nur Schlafsäle, zum Teil im japanischen Stil:** Männer und Frauen schlafen getrennt. Nur für ausgesprochene Jugendherbergsliebhaber zu empfehlen, da die Jugendherberge um 23 Uhr schließt und man sich zwischen 10 und 15 Uhr nicht in der Herberge aufhalten darf.

222 [H5] **Tokyo Ueno Youth Hostel** ¥, 1-13-6 Ueno, Taitō-ku, JR Ueno-Okachimachi, 2 Minuten Fußweg, Tel. 5817-8570, www.jyh.gr.jp/ueno. Mehrbettzimmer (drei Personen und mehr). **Ueno preiswert:** Einzel- und Doppelzimmer nur begrenzt verfügbar. Das Hostel schließt um 23 Uhr, tagsüber darf man sich hier aufhalten.

Verhaltenstipps

Zurückhaltung, Höflichkeit

Höflichkeit und Zurückhaltung werden oft als die **zentralen Charaktereigenschaften** der Japaner gepriesen – aber was genau hat es damit auf sich? Fest steht, dass allein in der japanischen Sprache ein Kanon an linguistischen Elementen für **Höflichkeitsformeln** besteht, wie er sonst wohl in keiner anderen Sprache zu finden ist. Mit

Keigo besitzt Japan auch ein eigenes Wort für die Form der besonders respektvollen und höflichen Kommunikation.

Im Geschäftsleben tritt der Unterschied auch für Nicht-Japaner besonders deutlich hervor: Über den deutschen Slogan „der Kunde ist König" können Japaner in Deutschland bestenfalls lachen. Denn was hier als guter Service verstanden wird, würde in Japan komplett als unfreundlich durchgehen. Gleichermaßen werden Europäer den japanischen **Service** oft als **übertrieben** empfinden. Touristen werden sich oft fragen, ob die Höflichkeit „echt" ist, oder ob es sich doch nur um ein **Ritual** oder gar nur um Business handelt. Diese Frage zu beantworten, wird nicht möglich sein. Darauf sollte man auch nicht seine Energie verwenden. Viel interessanter ist es, die Übergänge herauszufinden. Niemand wird von einem Europäer japanische Höflichkeitsformeln erwarten. Doch es ist leicht, von Japanern als höflich empfunden zu werden.

Respekt gegenüber dem Mitmenschen und **niemals das Gesicht verlieren** – wer sich als Reisender an diesen Maximen in Tokyo orientiert, liegt schon mal nicht falsch.

Begrüßung

Die übliche Begrüßung in Japan ist das **Verbeugen,** Körperkontakt wie Umarmung oder Handschlag sind die Ausnahme. Das gegenseitige Verbeugen zeigt großen Respekt vor dem Gegenüber, während eine Begrüßung per Handschlag einem Ausländer zuliebe oder bei offiziellen Empfängen vorkommen kann.

Die Art der Verbeugung erlaubt verschiedene Varianten. Von einer leichten Kopfbewegung nach unten bis hin zur Verbeugung und zur Formung eines 90-Grad-Winkels ist alles möglich. **Je tiefer die Verbeugung, desto größer der gezeigte Respekt.** Bei einer Verbeugung im Sitzen legt man die Hände nach vorne auf den Boden (Tatami) und führt den Kopf in Richtung Hände.

Konversation

In der japanischen Konversation sind viele Elemente zu finden, die signalisieren: ja, ich höre zu. So wird in der Regel alle paar Sekunden ein „Hai" oder „So desu ne" etc. eingestreut, was nicht Bejahung des Gesagten bedeutet, sondern in erster Linie das **Zuhören** anzeigt.

Analog dazu kann eine Konversation für einen Japaner schwierig werden, wenn der (europäische) Gesprächspartner diese Zwischensätze vermissen lässt. Das wirkt dann leicht skeptisch. Man sollte dies bei seiner Gesprächsführung stets im Hinterkopf behalten.

Verkehrsmittel

Tokyos **öffentliches Verkehrsnetz** ist gigantisch, sowohl ober- als auch unterirdisch. Die berühmten Szenen, wie Menschenmengen von Ordnungskräften in die U-Bahn gedrückt werden, wird man aber höchstens zur Rushhour an den großen Bahnhöfen zu sehen bekommen. Ansonsten ist das öffentliche Verkehrsnetz sehr praktisch – und im Vergleich zum **schleppenden Individualverkehr** auch viel schneller. Nur wer sehr gern im Stau steht oder das Fahren im stressigen Großstadtverkehr erleben möchte, sollte sich hier selbst einen Wagen mieten.

Tickets

Wer sich als Tourist durch Tokyo bewegt, wird zwangsläufig mit verschiedenen Bahn- und Betreibergesellschaften unterwegs sein, ohne im Einzelnen einen großen Unterschied festzustellen. Damit man sich nicht jedes Mal um die Art des Tickets kümmern muss, empfehlen sich unbedingt die **Prepaid-Verbundkarten: Suica** oder **PASMO.** Mit beiden kann man alle Verkehrsmittel (JR, Privatbahnen, Metro, Bus) im Großraum Tokyo benutzen.

Ausgenommen ist lediglich der **Shinkansen,** der japanische Hochgeschwindigkeitszug. Im Gegensatz zu PASMO kann man mit Suica auch noch die Fahrten in einigen weiteren japanischen Städten bezahlen. Die Karten werden auch in manchen Geschäften und Restaurants, z. B. in Bahnhöfen, als Zahlungsmittel akzeptiert.

Aufgrund der weltweiten Halbleiterknappheit wurde der Verkauf der Suica- und PASMO-Karten Mitte 2023 für Japaner vorläufig eingestellt. Für ausländische Touristen gibt es jedoch die Möglichkeit, „Welcome Suica“ oder „PASMO Passport“ an bestimmten Verkaufsstellen einschließlich der Flughäfen und größeren Bahnhöfe zu erwerben. Die Karten lassen sich auch in die Applikation Apple Wallet übertragen.

› www.jreast.co.jp/e/pass/suica.html, www.pasmo.co.jp/visitors/en/normalpasmo

Der 1-Tages-Pass **Tokyo Free Kippu** kostet 1600 ¥ und erlaubt im Stadtgebiet die Benutzung von allen U-Bahnen und JR-Zügen. Man erhält das Ticket an allen großen JR-Bahnhöfen an den grünen Ticketschaltern (Midori-no-Madoguchi).

Bahn

Japan Railways (JR)

Zu den größten Verkehrsknotenpunkten in Tokyo zählen die JR-Bahnhöfe Tokyo Station, Shinjuku und Ueno. Von hier gehen zahlreiche Linien ab.

Meine Tipps

Japan Rail Pass

Wer nicht nur in Tokyo unterwegs ist, sondern das übrige Japan erkunden will, für den empfiehlt sich der **Japan Rail Pass.** Dieser ist für 7, 14 oder 21 Tage verfügbar und erlaubt die beliebig häufige Nutzung des gesamten Streckennetzes von Japan Railways (JR). Den Rail Pass muss man **vor der Einreise nach Japan kaufen.** Er ist ab 50.000 ¥ erhältlich und man kann ihn online oder bei autorisierten Reiseveranstaltern erwerben.

› www.japanrailpass.net

Route planen

Im Dickicht der vielen Bahn- und U-Bahnlinien kann man gelegentlich den Überblick verlieren. Der Routenplaner von Google Maps funktioniert recht gut, alternativ sind www.hyperdia.com oder die „Japan reisen“-App (s. S. 107) sehr nützlich.

⊻ *U-Bahn-Eingang zur Ginza-Linie*

Hilfreich zur Orientierung ist die **Ringlinie JR Yamanote,** die alle Stadtzentren innerhalb von einer Stunde Fahrtzeit miteinander verbindet. Jeden Tag sind mit ihr bis zu 5 Mio. Fahrgäste unterwegs, alle drei Minuten verkehrt ein Zug. Mit dieser Linie sind z. B. Tokyo Station, Shibuya, Shinjuku, Shinagawa und Ueno zu erreichen.

› www.jreast.co.jp

Privatbahnen

Neben JR sind acht weitere Privatbahnen (z. B. Keisei, Odakyu, Seibu) in Tokyo vertreten, die jeweils eine bestimmte Region der Stadt abdecken und oft von der JR Yamanote-Linie abgehen.

U-Bahn

In Tokyo verkehren insgesamt 13 U-Bahnlinien, betrieben von Tokyo Metro und Toei. Die Linien verbinden größtenteils die einzelnen Stadtteile innerhalb des Yamanote-Rings miteinander. Mit dem „Toei and Tokyo Metro One-Day Pass" (Kyotsu Ichinichi Josha-ken) kann man einen Tag lang alle U-Bahnen Tokyos benutzen. Das Ticket kostet 900 ¥. Ein Ticket für den aktuellen Tag ist an allen Verkaufsautomaten erhältlich. Die Menüführung ist auch auf Englisch verfügbar.

Bus

Das Busnetz ist für uns eine **Herausforderung** – ebenso wie für viele Tokyoter selbst. Im östlichen Tokyo verkehren Toei-Busse, während im westlichen Tokyo Busse der Keio-Betreibergesellschaft unterwegs sind. Eine Fahrt kostet 210 ¥ im Stadtgebiet, die man beim Einsteigen bezahlt.

Am verständlichsten ist noch der **Tokyo Shitamachi Bus,** der die touristischen Zentren Tokyos miteinander verbindet.

Taxi

Die Grundgebühr beginnt, je nach Taxifirma, bei 730 ¥. Damit kann man dann ca. zwei Kilometer Strecke zurücklegen. Das Ein- und Aussteigen erfolgt nur auf der Gehwegseite. Dabei berührt man nicht den Türgriff des Wagens, sondern der Fahrer öffnet die Tür über eine automatische Schaltung.

Der **Fahrdienstleister Uber** ist noch relativ neu im Geschäft in Tokyo und kooperiert mit lokalen Taxifirmen. Man bestellt „Uber Taxi" ganz normal über die App und ein Taxi kommt. „Uber Black" ist ein spezieller Limousinen-Service und deutlich teurer.

Wetter und Reisezeit

Tokyo ist immer eine Reise wert. Die Hauptreisezeiten sind Frühjahr (zur Kirschblüte, s. S. 85) und Herbst, wenn die Temperaturen angenehm mild und warm sind. Die Sommermonate Juli und August sind dagegen mit Temperaturen von 25 bis 27 Grad Celsius im monatlichen Durchschnitt heiß. Zudem ist die schwüle Sommerhitze Tokyos für viele Mitteleuropäer eher ungewohnt. Auch im kältesten Monat Januar liegt die Durchschnittstemperatur immer noch bei angenehmen fünf Grad Celsius.

Wetter in Tokyo

Durchschnitt	Jan	Febr	März	Apr	Mai	Juni	Juli	Aug	Sept	Okt	Nov	Dez
Maximale Temperatur	10°	10°	13°	19°	23°	26°	29°	31°	27°	22°	17°	12°
Minimale Temperatur	3°	3°	6°	11°	15°	19°	23°	25°	21°	15°	10°	5°
Regentage	5	6	10	10	11	11	10	8	11	10	7	4

ANHANG

Kleine Sprachhilfe Japanisch

Für das Sprechen gilt: Kein Ausländer wird ohne Probleme japanische Sätze bilden können, die auch immer verstanden werden. Dennoch: Sich zu bemühen, kommt in Japan immer gut an, vor allem, wenn man weit davon entfernt ist, perfekt Japanisch zu sprechen.

Aussprache

Vokale werden im Japanischen wie im Deutschen normalerweise **kurz** ausgesprochen. **Lang gesprochene Vokale** sind in der Standard-Umschrift durch ō, ū, ā, ē und ii wiedergegeben. Das lange ō kann, abhängig vom Silbensystem, auch als „ou" geschrieben sein.

„ei" wird nicht als Diphtong wie in „gekochtes Ei" gesprochen; sondern das japanische Wort für schön, *kirei,* wird richtigerweise „kirey" ausgesprochen.

Vokale wie u und i werden oftmals nur angedeutet: *desu* spricht man „dess", in *Hajime-mash(i)te* hört man das zweite i kaum.

Konsonanten wie ch, sh, j, w, y, z werden wie im Englischen ausgesprochen. Das r ist eine Mischung aus r und l mit Tendenz zum l.

Allgemeines

Deutsch	Japanisch (Aussprache)	Japanisch (Schrift)
Guten Tag	Kon-nichi-wa	こんにちは
Guten Morgen	Ohayō gozai-masu	おはようございます
Guten Abend	Konban-wa	こんばんは
Gute Nacht	Oyasumi-nasai	おやすみなさい
Schön, Sie kennenzulernen.	Hajime-mashite.	はじめまして。
Wie geht es Ihnen?	O-genki-desu-ka?	お元気ですか。
Auf Wiedersehen	Sayonara	さよなら
Mein Name ist ...	Watashi wa ... desu.	私は・・・です。
Sprechen Sie Englisch?	Eigo ga hanase masu ka?	英語が話せますか。
Ja/Nein	Hai/Iie	はい/いいえ
Vielen Dank	Arigatō gozaimasu	ありがとうございます
Bitte, gern geschehen	Dō-itashi-mashite	どういたしまして
Entschuldigung	Sumimasen	すみません
Es tut mir leid.	Gomen-nasai.	ごめんなさい。
Bitte (wenn man um etwas höflich bittet)	Onegai-shimasu	お願いします
Bitte (bei einer Bestellung etc.)	Kudasai	下さい
Verstehen Sie?	Wakarimasu ka?	分かりますか。
Ja, ich verstehe.	Hai, wakarimasu.	はい、分かります。
Nein, ich verstehe nicht.	Iie, wakarimasen.	いいえ、分かりません。
Einen Moment bitte	Sukoshi matte kudasai	少し待って下さい
In Ordnung	Daijōbu/Okkē	大丈夫/オッケー
Hilfe!	Tasukete!	助けて！

+++ Die wichtigsten Wörter mit dem Bonus-Audiotrack des Kauderwelsch-

Vorsicht!	Abunai!/Kio-tsukete!	危ない！/気をつけて！
Rufen Sie die Polizei!	Keisatsu o yonde kudasai!	警察を呼んで下さい!
Ich brauche einen Arzt.	O-isha san ni mite moraitaidesu.	お医者さんに見てもらいたいです。
Mir geht es gar nicht gut.	Kibun ga warui desu.	気分が悪いです。
Ich habe hier Schmerzen.	Koko ga itai desu.	ここが痛いです。
Ich habe Fieber.	Netsu ga arimasu.	熱があります。
Ich habe eine starke Erkältung.	Hidoku kaze o-hiite imasu.	ひどく風邪をひいています。
Apotheke	Kusuriya/Yakkyoku	薬屋/薬局
Krankenhaus	Byōin	病院
Können Sie mir helfen?	Sumimasen ga oshiete?	すみませんが教えてけますか.
Wo kann ich eine Fahrkarte kaufen?	Kippu wa doko de kaemasu ka?	切符はどこで買えますか.
Wo ist der nächste Bahnhof?	Ichiban chikai eki wa doko desu ka?	一番近い駅はどこですか.
Zum Bahnhof bitte.	Eki made onegaishimasu.	駅までお願いします。
Wie viel Uhr ist es?	Ima nan-ji desu-ka?	今何時ですか.
0, 1, 2, 3,4, 5	zero, ichi, ni, san, shi/yon, go	ゼロ、一、二、三、四、五
6, 7, 8, 9, 10	roku, shichi/nana, hachi, kyū, jū	六、七、八、九、十
100, 200	hyaku, nihyaku	百、二百
1000, 2000	sen, nisen	千、二千
10.000, 20.000	ichiman, niman	一万、二万
Montag	Getsu-yōbi	月曜日
Dienstag	Ka-yōbi	火曜日
Mittwoch	Sui-yōbi	水曜日
Donnerstag	Moku-yōbi	木曜日
Freitag	Kin-yōbi	金曜日
Samstag	Do-yōbi	土曜日
Sonntag	Nichi-yōbi	日曜日

Rund ums Essen

Guten Appetit	Itadaki-masu	いただきます
Prost	Kampai	乾杯
Entschuldigung (um die Bedienung zu sich zu rufen)	Sumimasen	すみません
Bitte bringen Sie mir die Speisekarte.	Menyū o misete kudasai.	メニューを見せて下さい。
Was kostet das?	Kore wa ikura desu ka?	これはいくらですか.
Was ist das?	Kore wa nan desu ka?	これは何ですか.
Haben Sie auch vegetarische Gerichte?	Bejitarian-menyu wa arimasuka?	ベジタリアンメニューはありますか.

Was können Sie mir empfehlen?	O-susume wa nan desu ka?	お勧めは何ですか.
Haben Sie ein Menü?	Setto menyū wa arimasuka?	セットメニューはありますか.
(Ein Glas) Wasser bitte.	O-mizu o kudasai.	お水を下さい。
Akzeptieren Sie Kreditkarten?	Kurejitto kādo wa tsukaemasu ka?	クレジットカードは使えますか.
Wo ist die Toilette?	Toire wa doko desu ka?	トイレはどこですか.
Die Rechnung bitte.	O-kaikei onegai-shimasu.	お会計お願いします。
Frühstück	asa-gohan	朝ごはん
Mittagessen	hiru-gohan	昼ごはん
Abendessen	ban-gohan	晩御飯
Gabel	fōku	フォーク
Messer	naifu	ナイフ
Löffel	supūn	スプーン
Tasse	koppu	コップ
Teller	sara	皿
Stäbchen	hashi	箸
heiß	atsui	熱い
kalt	tsumetai	冷たい
scharf	karai	辛い
süß	amai	甘い
hungrig	onaka ga sukimashita	おなかが空きました
köstlich	oishii	おいしい
ohne Fleisch	niku-nashi	肉無し
vegetarisch	begitarian	ベジタリアン
frittiert	age-mono	揚げ物
gegrillt	yaki-mono	焼き物
Schweinefleisch	buta-niku	豚肉
Rindfleisch	gyū-niku	牛肉
Hühnerfleisch	tori-niku	鶏肉
Fisch	sakana	魚
Krebsfleisch	kani	蟹
Kugelfisch	fugu	ふぐ
Lachs	sake	酒
Lachseier	ikura	いくら
Meerbrasse	tai	鯛
Oktopus	tako	蛸
Thunfisch	maguro	鮪
Tintenfisch	ika	いか

Register

Tokyo mit PC, Smartphone & Co.

QR-Code auf dem Umschlag scannen oder **www.reise-know-how.de/citytrip/tokyo24** eingeben und die **kostenlose Web-App** aufrufen (Internetverbindung zur Nutzung nötig)!

★**Anzeige der Lage und Satellitenansicht aller** beschriebenen Sehenswürdigkeiten und weiteren Orte
★**Routenführung** vom aktuellen Standort zum gewünschten Ziel
★**Exakter Verlauf** des empfohlenen Stadtspaziergangs
★**Audiotrainer** der wichtigsten Wörter und Redewendungen
★**Updates** nach Redaktionsschluss

GPS-Daten zum Download

Die GPS-Daten aller Ortsmarken und des Spaziergangs stehen auf der Produktseite des Titels auf www.reise-know-how.de zum Download zur Verfügung.

Stadtplan für mobile Geräte

Um den Stadtplan auf Smartphones und Tablets zu nutzen, empfehlen wir die App „Avenza Maps“ der Firma Avenza™. Über die Funktion „Store“ kann die „Citymap Tokyo 2024“ kostenlos geladen werden.

Liste der Karteneinträge

196 [B10] Cerulean Tower Tokyu Hotel S. 118
197 [B9] Dormy Inn Premium Shibuya Jingumae S. 118
198 [B10] Granbell Hotel S. 118
199 [A10] Hotel Fukudaya S. 118
200 [B10] Sakura Fleur Aoyama S. 118
201 [J2] Andon Ryokan S. 118
202 [F9] Hotel Ōkura S. 118
203 [G3] Annex Katsutaro Ryokan Tokyo S. 119
204 [J4] B: CONTE Asakusa S. 119
205 [J5] Nui. Hostel & Bar Lounge S. 119
206 [J4] Onyado Nono Asakusa S. 119
207 [H3] Ryokan Sawanoya S. 119
208 [I3] Toco Tokyo Heritage Hostel S. 119
209 [J4] Tokyo Ryokan S. 119
210 [H13] Hilton Tokyo Odaiba S. 120
211 [C6] Citadines Shinjuku Tokyo S. 120
212 [E7] Hotel New Ōtani S. 120
213 [C6] imano Tokyo Hostel S. 120
214 [A6] Keio Plaza Hotel S. 120
215 [A7] Park Hyatt Tokyo S. 120
216 [E9] Apa Hotel & Resort Roppongi Station East S. 120
217 [D9] Asia Center of Japan S. 121
218 [D10] Grand Hyatt Tokyo S. 121
219 [A10] BookTeaBed S. 121
220 [J4] Nine hours Asakusa S. 121
221 [F5] Tokyo Central Youth Hostel S. 121
222 [H5] Tokyo Ueno Youth Hostel S. 121

Hier nicht aufgeführte Nummern liegen außerhalb der abgebildeten Karten. Ihre Lage kann aber wie die von allen Ortsmarken im Buch mithilfe der Web-App angezeigt werden (s. S. 132).

Zeichenerklärung

- Hauptsehenswürdigkeit
- Bar, Club, Treffpunkt
- Biergarten, Pub, Kneipe
- Botschaft
- Café/Teehaus
- Galerie
- Geschäft, Kaufhaus, Markt
- Hotel, Unterkunft
- Imbiss, Bistro
- Informationsstelle
- Jugendherberge, Hostel
- Krankenhaus, Arzt
- Museum
- Musikszene, Disco
- Pension, Bed & Breakfast
- Post
- Restaurant
- Sehenswürdigkeit
- Sonstiges
- Theater
- Vegetarisches Restaurant
- Metro-Haltestelle
- Metro-Haltestelle
- Metro-Haltestelle
- Japan-Railway-Haltepunkt
- Shoppingareal
- Gastro- und Nightlife-Areal
- Stadtspaziergang (s. S. 10)

Impressum

Oliver Hoffmann, Kikue Ryuno

CityTrip Tokyo

3., neu bearbeitete und aktualisierte Auflage 2024

ISBN 978-3-8317-3827-4

Printed in Germany

Druck und Bindung:
mediaprint solutions GmbH, Paderborn

Herausgeber: Klaus Werner
Layout: amundo media GmbH (Umschlag, Inhalt), Peter Rump (Umschlag)
Lektorat: amundo media GmbH
Karten: Ingenieurbüro K. Wendler, amundo media GmbH
Anzeigenvertrieb: KV Kommunalverlag GmbH & Co. KG, Alte Landstraße 23, 85521 Ottobrunn, Tel. 089 928096-0, info@kommunal-verlag.de
Kontakt: Osnabrücker Str. 79, 33649 Bielefeld, info@reise-know-how.de

Alle Angaben in diesem Buch sind gewissenhaft geprüft. Preise, Öffnungszeiten usw. können sich jedoch schnell ändern. Für eventuelle Fehler übernehmen Verlag wie Autoren keine Haftung.

Bildnachweis

Umschlagvorderseite: ©SeanPavonePhoto, stock.adobe.com | Umschlagrückseite: ©oben901, stock.adobe.com
Umschlagklappe rechts: ©Mariusz Prusaczyk (curioso.pl), stock.adobe.com
Soweit ihre Namen nicht vollständig am Bild vermerkt sind, stehen die Kürzel an den Abbildungen für die folgenden Fotografen, Firmen und Einrichtungen. Oliver Hoffmann, Kikue Ryuno: ok | Tokyo Convention & Visitors Bureau: tcvb
Markus Bingel: mb | dreamstime.com: ds

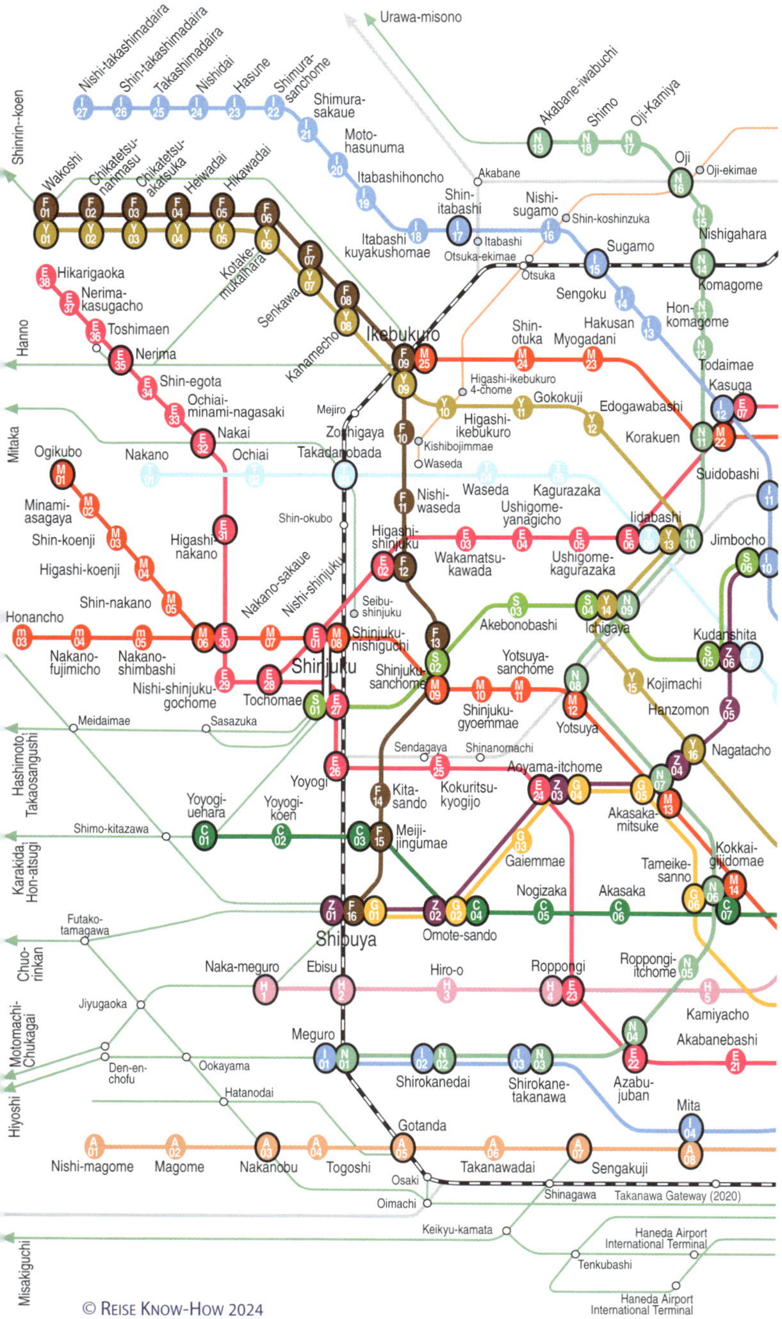
Urawa-misono
Nishi-takashimadaira
Shin-takashimadaira
Takashimadaira
Nishidai
Hasune
Shimura-sanchome
Shimura-sakaue
Moto-hasunuma
Itabashihoncho
Shin-itabashi
Itabashi kuyakushomae
Akabane
Itabashi
Otsuka-ekimae
Nishi-sugamo
Shin-koshinzuka
Akabane-iwabuchi
Shimo
Oji-Kamiya
Oji
Oji-ekimae
Nishigahara
Sugamo
Komagome
Otsuka
Sengoku
Hon-komagome
Hakusan
Myogadani
Shin-otuka
Todaimae
Kasuga
Edogawabashi
Korakuen
Suidobashi
Jimbocho
Shinrin-koen
Wakoshi
Chikatetsu-narimasu
Chikatetsu-akatsuka
Heiwadai
Hikawadai
Kotake-mukaihara
Senkawa
Kanamecho
Ikebukuro
Hikarigaoka
Nerima-kasugacho
Toshimaen
Nerima
Hanno
Shin-egota
Ochiai-minami-nagasaki
Nakai
Ochiai
Higashi-ikebukuro 4-chome
Higashi-ikebukuro
Gokokuji
Mejiro
Zoshigaya
Takadanobada
Kishibojimmae
Waseda
Mitaka
Ogikubo
Nakano
Minami-asagaya
Shin-koenji
Higashi-koenji
Shin-nakano
Higashi-nakano
Shin-okubo
Nishi-waseda
Waseda
Kagurazaka
Ushigome-yanagicho
Iidabashi
Higashi-shinjuku
Wakamatsu-kawada
Ushigome-kagurazaka
Nakano-sakaue
Nishi-shinjuku
Seibu-shinjuku
Akebonobashi
Ichigaya
Kudanshita
Honancho
Nakano-fujimicho
Nakano-shimbashi
Nishi-shinjuku-gochome
Shinjuku
Shinjuku-nishiguchi
Shinjuku-sanchome
Yotsuya-sanchome
Kojimachi
Hanzomon
Tochomae
Shinjuku-gyoemmae
Yotsuya
Meidaimae
Sasazuka
Hashimoto, Takaosangushi
Sendagaya
Shinanomachi
Nagatacho
Aoyama-itchome
Yoyogi
Kita-sando
Kokuritsu-kyogijo
Akasaka-mitsuke
Yoyogi-uehara
Yoyogi-koen
Shimo-kitazawa
Meiji-jingumae
Gaiemmae
Tameike-sanno
Kokkai-gijidomae
Karakida, Hon-atsugi
Nogizaka
Akasaka
Futako-tamagawa
Shibuya
Omote-sando
Chuo-rinkan
Naka-meguro
Ebisu
Hiro-o
Roppongi
Roppongi-itchome
Jiyugaoka
Kamiyacho
Akabanebashi
Motomachi-Chukagai
Meguro
Den-en-chofu
Ookayama
Shirokanedai
Shirokane-takanawa
Azabu-juban
Hiyoshi
Hatanodai
Mita
Gotanda
Nishi-magome
Magome
Nakanobu
Togoshi
Takanawadai
Sengakuji
Osaki
Oimachi
Shinagawa
Takanawa Gateway (2020)
Keikyu-kamata
Haneda Airport International Terminal
Tenkubashi
Misakiguchi
Haneda Airport International Terminal

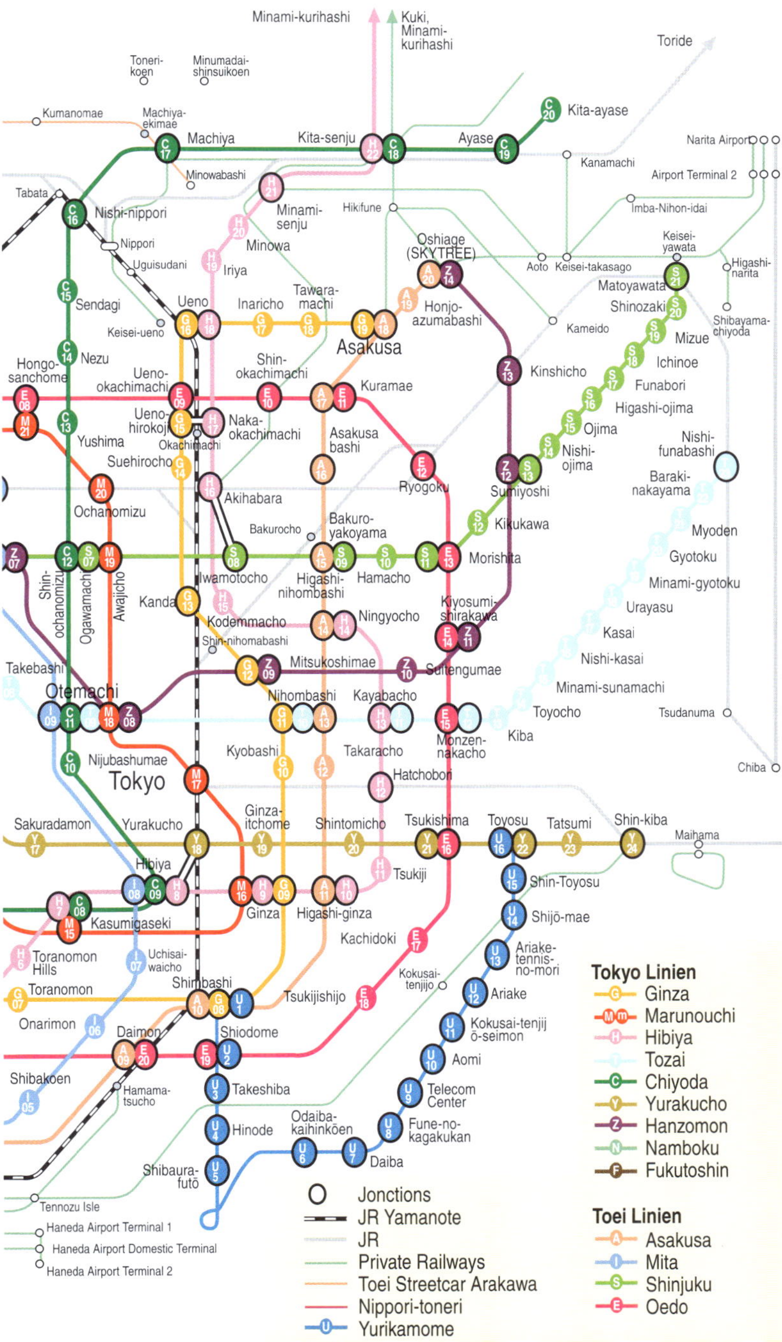
Minami-kurihashi
Kuki, Minami-kurihashi
Toride
Toneri-koen
Minumadai-shinsuikoen
Kumanomae
Machiya-ekimae
Machiya
Kita-senju
Ayase
Kita-ayase
Narita Airport
Kanamachi
Airport Terminal 2
Minowabashi
Tabata
Nishi-nippori
Minami-senju
Hikifune
Imba-Nihon-idai
Nippori
Uguisudani
Minowa
Oshiage (SKYTREE)
Aoto
Keisei-takasago
Keisei-yawata
Higashi-narita
Iriya
Sendagi
Ueno
Inaricho
Tawara-machi
Honjo-azumabashi
Matoyawata
Shinozaki
Shibayama-chiyoda
Keisei-ueno
Asakusa
Kameido
Mizue
Nezu
Hongo-sanchome
Ueno-okachimachi
Shin-okachimachi
Kuramae
Kinshicho
Ichinoe
Funabori
Higashi-ojima
Ueno-hirokoji
Naka-okachimachi
Okachimachi
Yushima
Asakusa bashi
Ojima
Nishi-funabashi
Nishi-ojima
Suehirocho
Ryogoku
Sumiyoshi
Baraki-nakayama
Ochanomizu
Akihabara
Bakurocho
Bakuro-yakoyama
Kikukawa
Myoden
Morishita
Gyotoku
Shin-ochanomizu
Ogawamachi
Awajicho
Iwamotocho
Higashi-nihombashi
Hamacho
Minami-gyotoku
Kanda
Kodemmacho
Ningyocho
Kiyosumi-shirakawa
Urayasu
Kasai
Shin-nihombashi
Nishi-kasai
Takebashi
Mitsukoshimae
Suitengumae
Otemachi
Minami-sunamachi
Nihombashi
Kayabacho
Toyocho
Tsudanuma
Monzen-nakacho
Kiba
Kyobashi
Takaracho
Nijubashumae
Tokyo
Chiba
Hatchobori
Ginza-itchome
Sakuradamon
Yurakucho
Shintomicho
Tsukishima
Toyosu
Tatsumi
Shin-kiba
Maihama
Hibiya
Tsukiji
Shin-Toyosu
Ginza
Higashi-ginza
Kasumigaseki
Shijō-mae
Kachidoki
Ariake-tennis-no-mori
Toranomon Hills
Uchisai-waicho
Kokusai-tenjijo
Shimbashi
Toranomon
Tsukijishijo
Ariake
Onarimon
Shiodome
Daimon
Kokusai-tenjijō-seimon
Aomi
Shibakoen
Hamama-tsucho
Takeshiba
Telecom Center
Odaiba-kaihinkōen
Fune-no-kagakukan
Hinode
Daiba
Shibaura-futō
Tennozu Isle
Haneda Airport Terminal 1
Haneda Airport Domestic Terminal
Haneda Airport Terminal 2
Jonctions
JR Yamanote
JR
Private Railways
Toei Streetcar Arakawa
Nippori-toneri
Yurikamome
Tokyo Linien
Ginza
Marunouchi
Hibiya
Tozai
Chiyoda
Yurakucho
Hanzomon
Namboku
Fukutoshin
Toei Linien
Asakusa
Mita
Shinjuku
Oedo

1 cm = 150 m
0
300 m
UENO
SHINJUKU
KAISER-PALAST
SHIBUYA
Okubo Station
Shokuan-dori
Seibu Shinjuku Station
Ome-kaido
NISHI-SHINJUKU
Koen-dori
Omoide Yokocho
SHINJUKU-NISHIGUCHI
Kita-dori
Honan-dori
TOCHŌMAE
Fureai-dori
Shinjuku Chuo Park
Rathaus
NISHI-SHINJUKU-GOCHŌME
Giido-dori
Higashi-dori
SHINJUKU
Shinjuku Station
Tocho-dori
Minami-dori
Koshu-kaido
Yamate-dori
Minami-dori
Suido-dori
YOYOGI
Expressway No 4 Shinjuksen
Schwertmuseum
Sangubashi Station
HATSUDAI
182
168
128
139
30
214
189
84
135
28
56
74
215
70
110
5
6
7
8
A
B

Okubo-dori
WAKAMATSUCHO
HIGASHI-SHINJUKU
WAKAMATSU-KAWADA
Shokuan-dori
KAWADACHO
YOCHOMACHI
Samurai Museum
KABUKI-CHŌ
SUMIYOSHICHO
SHINJUKU
TOMIHISACHO
Yasukuni-dori
Shinjuku-dori
Shinjuku Golden-Gai
SHINJUKU-SANCHŌME
Shinjuku-Nichōme
AIZUMICHO
SHINJUKU-GYOEMMAE
Gaien Nishi-dori
Shinjuku Gyoen Garden
DAIKYOCH
Yoyogi Station
Sendagaya Station
Expressway No 4 Shinjuksen
SENDAGAYA
KITASANDŌ
Meiji-dori
KOKURITSU-KYŌGIJŌ
National Stadium
29 34 101 131 151 213 90 113 64 80 177 178 179 180 211 115 31 108
5 6 7 8 B C

0
1 cm = 150 m
300 m
Nippori Station
Oguibashi-dori
Otakebashi-dori
NEGISHI
YANAKA
Yanaka Cemetary
Kototoi-dori
Kan'e-Ji Reien Cemetary
Uguisudani Station
208
SHITAYA
IRIYA
31
81
National-museum Tokyo
15
16
KITA-UENO
25
Ueno Park
22
Higashien
14
National Museum of Western Art
Ueno Zoological Gardens
Nishien
13
Ueno-Kōen
Ueno Station
59
Expressway No 1 Uenosen
HIGASHI-UENO
Boto-ike
Shinobazu-ike
Keiseiueno Station
UENO
Asakusa-dori
INARICHŌ
Kiyosubashi-dori
12
9
39
Ameyoko-Markt
Chuo-dori
Shinobazu-dori
MOTO ASAKUS
UENO-HIROKŌJI
UENO-OKACHIMACHI
Kasuga-dori
Tsukuba Express
YUSHIMA
222
NAKA-OKACHIMACHI
SHIN-OKACHIMACHI
UENO
TAITO
KOJIMA
3
4
5
H
I

UENO
SHINJUKU
KAISER-PALAST
SHIBUYA
MINOWA
RYUSEN
SENZOKU
IRIYA
ASAKUSA
HIGASHI-ASAKUSA
MATSUGAYA
NISHI-ASAKUSA
HANAKAWADO
KAMINA-RIMON
AZUMA-BASHI
HIGASHI-KOMAGATA
Tsukuba Express
Kokusai-dori
Samyabori
Kofotoi-dori
Umamichi-dori
Yoshino-dori
Kappabashi-dori
Kaminarimon-dori
Asakusa-dori
Kasuga-dori
Edo-dori
Kiyosumi-dori
Hoppy-dori
Denbōin-dori
Nakamise-dori
Expressway No 6 Mukoijimasen
Sumida-Fluss
Kuritsu Sumida Park
Sensōji-Tempel
Kappa-bashi dōgugai
Asakusa Station
Asakusa
TAWARAMACHI
ASAKUSA
KURAMAE
3
4
5
J
10
11
15
17
18
19
36
37
46
55
87
109
145
157
167
172
187
204
205
206
209
220

Meiji Jingū Inner Garden
11
Yoyogi
158
Minami-ike
Park
HARAJUKU
Takeshita-dōri
10
62
140
23
118
Meiji-dōri
Tokyu-Plaza
MEIJI-JINGŪMAE
57
137
69
67
150
197
JINNAN
Inokashira-dōri
KAMIYAMACHO
91
125
79
Aoyama Theater
SHIBUYA
Meiji-dōri
SHOTO
219
96
100
66
43
85
188
121
51
7
SHIBUYA
Miyamasu-zaka
122
Aoyama-
200
DOGENZAKA
54
Shibuya-Kreuzung
104
Shibuya Hikarie
Sakae-dōri
60
98
65
50
93
Shibuya Station
Dogenzaka
86
40
Kyu-Yamate-dōri
97
196
198
Meiji-dōri
Shibuyasen
No 3
53
SAKURAGAOKA-CHO
199
Expressway
NANPEIDAICHO
UGUISUDANICHO
8
9
10
A
B